APPRIVOISER INTERNET

Cet ouvrage a été préparé avec la collaboration de Michèle Ouimette, conceptrice et responsable des Internautes Poivre & Sel Québec.

Apprivoiser Internet est accompagné d'un CD-ROM qui contient:

- des logiciels: Eudora Light 3.0, Netscape 4.6 Français, Copernic 99 (agent de recherche intelligent en français)

- deux carnets de signets

- une sélection des signets d'Internautes Poivre & Sel Québec.

JACQUES CANTIN

APPRIVOISER INTERNET

CD-ROM
DE LOGICIELS INCLUS

Les Éditions

LOGIQUES

LOGIQUES est une maison d'édition reconnue par les organismes d'État responsables de la culture et des communications.

Canada Nous remercions le Conseil des Arts du Canada et la Société de développement des entreprises culturelles pour leur appui à notre programme de publication.

Nous reconnaissons l'aide financière du gouvernement du Canada par l'entremise du Programme d'Aide au Développement de l'Industrie de l'Édition (PADIÉ) pour nos activités d'édition.

Révision linguistique: Corinne de Vailly, Cassandre Fournier
Mise en pages: Édiscript enr.
Graphisme de la couverture: Christian Campana
Photo de la couverture: Alain Comtois

Distribution au Canada:

Québec-Livres, 2185, autoroute des Laurentides, Laval (Québec) H7S 1Z6
Téléphone: (450) 687-1210, 1 800 251-1210 • Télécopieur: (450) 687-1331

Distribution en France:

Casteilla/Chiron, 10, rue Léon-Foucault, 78184 Saint-Quentin-en-Yveline
Téléphone: (33) 01 30 14 90 30 • Télécopieur: (33) 01 34 60 31 32

Distribution en Belgique:

Diffusion Vander, avenue des Volontaires, 321, B-1150 Bruxelles
Téléphone: (32-2) 762-9804 • Télécopieur: (32-2) 762-0062

Distribution en Suisse:

Diffusion Transat s.a., route des Jeunes, 4 ter, C.P. 1210, 1211 Genève 26
Téléphone: (022) 342-7740 • Télécopieur: (022) 343-4646

Les Éditions LOGIQUES
7, chemin Bates, Outremont (Québec) H2V 1A6
Téléphone: (514) 270-0208 • Télécopieur: (514) 270-3515

Apprivoiser Internet

ISBN: 2-89381-645-2
LX-752

SOMMAIRE

Installation du CD-ROM

Le réseau Internet

Les navigateurs Internet

Netscape 4.6

Les outils de recherche de Netscape

Les signets

Le courrier électronique dans Netscape 4.6

Internet Explorer 5

Les favoris dans Internet Explorer 5

Outlook Express 5

Les outils de recherche: La Toile du Québec, Yahoo! France et Alta Vista Canada

Le courrier électronique avec Eudora Light 3.0

Annexe

INSTALLATION DU CD-ROM

Pour Windows 9x

Insérez le CD-ROM dans votre lecteur de CD. Le programme démarrera de lui-même, vous n'aurez qu'à choisir le logiciel que vous désirez installer.

Vous trouverez sur le CD-ROM les logiciels: Netscape Communicator version 4.6 français, Eudora Light Version 3.06 et Copernic 99. Nous avons aussi inclus trois carnets de signets auxquels nous nous référons dans ce volume.

Avant de procéder à l'installation, nous vous recommandons de lire les quelques renseignements suivants.

Netscape Communicator 4.6

Si vous possédez une version antérieure du navigateur Netscape installée sur votre ordinateur, vous ne risquez rien en installant la version 4.6. Elle remplacera votre vieille version tout en conservant précieusement vos préférences, votre carnet d'adresses et votre carnet de signets. Nous vous recommandons cependant de terminer votre installation de Netscape en sélectionnant Non, je redémarrerai l'ordinateur plus tard. Il est préférable de quitter le CD-ROM d'installation avant de redémarrer votre ordinateur.

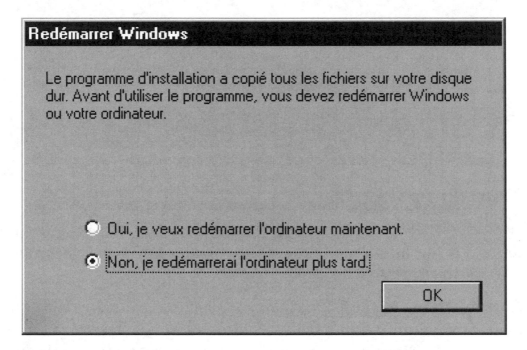

Eudora Light 3.0

Le logiciel Eudora Light 3.0 est un logiciel de courrier électronique fourni gratuitement par la compagnie Qualcomm. Pour la mise à jour de ce logiciel, vous pouvez vous rendre sur le site d'Eudora **www.eudora.com.** C'est l'un des logiciels de courrier les plus conviviaux et parmi les plus populaires auprès des utilisateurs d'Internet. Malheureusement, ce logiciel n'était pas encore offert en français au moment de la rédaction de cet ouvrage. Une version professionnelle de ce logiciel est en vente pour une modique somme.

Copernic 99

Ce logiciel est l'un des instruments les plus performants pour effectuer vos recherches dans Internet. Nous vous fournissons avec cet ouvrage une version gratuite abrégée qui vous permettra de vous familiariser avec l'outil. Si vous désirez une version plus complète, il faudra vous procurer la version Copernic Plus 99. Vous obtiendrez tous les détails sur le site de Copernic **www.copernic.com/fr/.** Bien que nous n'abordions pas l'étude de ce logiciel dans le présent ouvrage, vous pouvez obtenir des renseignements supplémentaires en vous inscrivant au cours approprié offert par Internautes Poivre & Sel Québec. Pour les renseignements concernant les cours, voir le site P&S **www.poivresel.collegebdeb.qc.ca.**

Les carnets de signets

Les utilisateurs du navigateur Netscape trouveront sur le CD-ROM trois carnets de signets. Le premier, **Signets en vrac,** sera utilisé dans cet ouvrage et en formation pour vous initier aux différentes phases de la manipulation des signets. Le second, **Signets classés,** illustre ce que devient un carnet de signets après que vous avez effectué un classement et que vous avez ajouté des descriptions pour certains d'entre eux. Finalement, le troisième carnet, **Sélection P & S,** contient une importante sélection de signets que vous trouverez dans la Boîte à outils du site de Poivre & Sel. Vous pouvez aussi procéder à la mise à jour du carnet en y ajoutant les nouveaux signets présents sur le site.

Lors de l'installation des carnets de signets, vous serez invité à choisir le répertoire de votre disque rigide **c:** dans lequel seront copiés les carnets de signets.

Les utilisateurs du navigateur Internet Explorer trouveront sur le CD-ROM le dossier **Signets Internautes Poivre & Sel** qui sera copié dans le répertoire **c:\windows\favoris**.

Attention!

Si, pour une raison quelconque, le CD-ROM ne démarre pas automatiquement tel que prévu, suivez la procédure ci-dessous pour le lancer.

Après avoir inséré le CD-ROM dans votre lecteur de CD:

Cliquez sur le bouton **Démarrer**;

Choisissez l'option **Exécuter**;

Tapez **d:\p&s.exe** (**d** représente la lettre de votre lecteur de CD-ROM);

Cliquez sur **Ok**.

Le menu apparaîtra et vous pourrez procéder à l'installation.

LE RÉSEAU INTERNET

Origines

Les origines du réseau Internet remontent au début des années soixante, aux États-Unis. Les universitaires et chercheurs, souvent sous contrat avec l'armée, se sont aperçus des avantages qu'il y aurait à relier entre eux les différents sites de recherche, afin de faire circuler les informations plus facilement. On mit sur pied un projet de réseau financé par l'*Advanced Research Projects Agency* (ARPA), et le réseau fut appelé *ARPANET* (1969).

Durant ces «belles années» de la *guerre froide*, on se préoccupa d'abord de configurer le réseau de telle sorte qu'il soit à l'abri des ruptures complètes de communication. Il fallait qu'il puisse continuer à fonctionner même en cas d'attaque nucléaire soviétique. La topologie du réseau devait donc permettre aux informations de circuler et de se rendre à destination même si un segment du réseau était détruit. D'autre part, le réseau devait rendre possible la transmission de différents types d'informations entre des ordinateurs de fabricants divers. Il fallait donc créer un ensemble de règles (protocole) favorisant tout cela. Ces règles de transmission portent aujourd'hui le nom de TCP/IP (*Transmission Control Protocol/Internet Protocol*).

Ce protocole a bénéficié depuis de plusieurs améliorations, et il est encore utilisé aujourd'hui. C'est l'*espéranto* d'Internet, et tous les ordinateurs reliés au réseau doivent s'y conformer.

Développement

Les avantages d'un tel type d'interconnexion furent rapidement évidents et les autorités d'*ARPANET* envisagèrent de relier de plus en plus d'universités et de centres de recherche au réseau. On en compta bientôt plus de 200, puis plus de 2 000. Il devenait indéniable, aux yeux des responsables, que le réseau changeait lentement de nature: de strictement «militaire», il devenait de plus en plus «civil».

C'est sous la tutelle de la *National Science Foundation* (NSF) américaine que le réseau Internet est entré dans sa deuxième vie. La NSF finança l'installation de superordinateurs, reliés par des liens très rapides, auxquels les ordinateurs des centres de recherche ont pu se brancher: le *NSFNET* était né. Reliés internationalement – cet effort de mise en réseau s'est déroulé simultanément partout dans le monde – tous ces ordinateurs constituent ce qu'on appelle maintenant Internet.

L'arrivée des commerçants

La nature et l'étendue du réseau ont rapidement attiré des entreprises intéressées par ses possibilités commerciales. Cela a obligé, d'une part, à redéfinir la structure générale *Internet*, et, d'autre part, à faire face à l'imprévisible: l'extraordinaire expansion d'Internet depuis sa naissance.

L'autorité

Qui dirige le réseau Internet? La réponse à cette question est simple: personne! En effet, il n'y a pas d'autorité centrale qui «contrôle» les informations qui circulent dans Internet. Par contre, il existe plusieurs *comités* qui fixent les standards permettant l'échange d'information. Ces comités, dont la fonction est essentiellement technique, n'ont pas leur mot à dire sur l'information, mais uniquement sur la façon dont elle circule.

Bien que le droit, en matière de télécommunications internationales par le réseau Internet, soit encore à l'état embryonnaire, la coutume qui s'installe indique que les lois en vigueur hors du réseau sont applicables au réseau. Ce qui est interdit *dans la vraie vie* l'est aussi sur le réseau. Les fraudes, la fausse représentation, certains types de pornographie, la transmission de secrets militaires, etc., tout cela est proscrit. Mais, car il y a un mais, les lois ne sont pas harmonisées d'un pays à l'autre. Ce qui est permis ici est interdit en Iran. À qui incombe la responsabilité de réglementer cet univers en plein *big bang*?

Aux autorités civiles, d'abord. Mais les transmissions électroniques sont actuellement en partie protégées par le droit à la protection de la vie privée. Le gouvernement a-t-il le droit de lire mon courrier électronique? Non. Pas plus que mes lettres, à moins que je ne sois soupçonné de fomenter des complots criminels.

Il revient ensuite aux fournisseurs de services Internet qui assurent la connexion au réseau et aux administrateurs de sites (universitaires ou commerciaux) de voir à ce que les lois soient respectées. Il en va de leur intérêt: ils sont passibles de poursuites judiciaires, s'ils ne le font pas. Mais s'ils le font, ils le sont également, par les usagers…

Internet pour communiquer

La première raison de l'appartenance à un pareil réseau est, évidemment, de communiquer avec ses semblables. Que ce soit par courrier électronique, par la participation à des groupes de discussion (Usenet ou IRC) ou par des listes de messagerie, le réseau Internet est un lieu d'échanges permanents, très éloigné de l'isolement caricatural que les adversaires rétrogrades des technologies brandissent en épouvantail. Il n'y a pas QUE l'ordinateur pour communiquer, bien sûr, mais il y a AUSSI l'ordinateur.

Internet pour s'informer

La communication est bidirectionnelle et réciproque, comme l'échange d'information. Ainsi, l'accès à des informations, autrement inaccessibles, est une deuxième raison pour se *brancher*. Le réseau Internet dépose à notre porte des sources d'information de toute nature: documents visuels ou sonores, encyclopédies, informations touristiques ou scientifiques, sérieuses ou folichonnes. L'avenir de la communication planétaire est sûrement électronique, et Internet, bien qu'encore au stade embryonnaire, est actuellement le meilleur moyen d'avoir accès, au moment où on le désire, aux informations disséminées un peu partout à travers le monde.

Parmi ces informations, il y a aussi des milliers de programmes (partagiciels) téléchargeables. Finalement, l'échange de fichiers de toute nature (textes, images, sons, etc.) est une autre facette de l'information.

Internet pour consulter sans se déplacer

Dans certains cas, un accès Internet peut faire économiser bien des déplacements, en particulier aux personnes qui font des recherches.

À l'aide d'un logiciel spécial (Telnet), on peut accéder aux catalogues des bibliothèques (pas aux livres…), ainsi qu'à certains autres outils de recherche.

Structure: interconnexions des serveurs

Le réseau Internet est constitué de centaines de milliers d'ordinateurs appelés *serveurs*. Ils sont généralement situés dans des universités ou des entreprises commerciales. C'est là qu'est stockée l'information, et c'est à eux que nous nous branchons pour obtenir cette information.

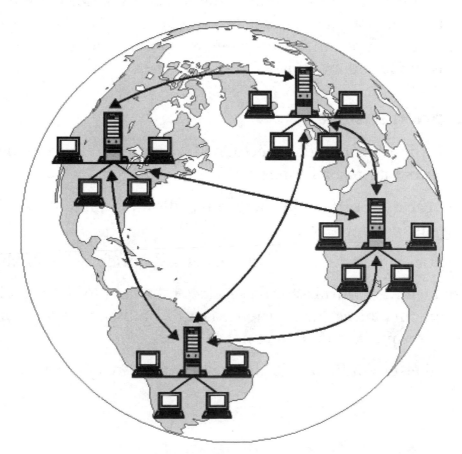

Ces serveurs sont reliés entre eux par une structure à la fois complexe et souple. À la façon d'une toile d'araignée dont toutes les intersections sont reliées directement ou indirectement, le réseau Internet permet d'avoir accès à un serveur par plusieurs chemins. Si, par exemple, le lien direct entre un ordinateur A, situé à Montréal et un autre B, situé à New York est rompu pour une raison ou une autre, l'ordinateur new-yorkais est quand même accessible, car A et B sont reliés à C, qui se trouve, disons, à Chicago. C'est pourquoi il est virtuellement impossible de rendre le réseau Internet inopérant: les protocoles de transport des informations vont toujours trouver un chemin pour se rendre à destination. Les seules raisons pour lesquelles un serveur peut être inaccessible sont soit qu'il est fermé (entretien ou bris), soit que tous les modems qui le relient au réseau sont occupés.

Le branchement

À partir d'un ordinateur personnel, comment effectue-t-on le branchement au réseau Internet?

Dans le cas d'un ordinateur personnel autonome, il faut procéder selon les étapes suivantes:

- équiper son ordinateur d'un modem (de préférence 56 kbps);

- contacter un fournisseur de services Internet (des informations supplémentaires sur la liste de ces FSI ainsi que sur les tarifs vous seront données en annexe) et s'abonner;

- installer et configurer les logiciels nécessaires (fournis par les FSI);

- y aller!

Remarque: Si vous optez pour une connexion ultrarapide par modem-câble, le modem conventionnel n'est pas requis. Le fournisseur de services Internet fournit alors tout l'équipement nécessaire à votre installation.

LES NAVIGATEURS INTERNET

Historique

En 1993, l'Université de l'Illinois, à la suite d'efforts effectués par le consortium WWW (World Wide Web) pour améliorer l'accessibilité à Internet, développait un outil de navigation pour permettre la consultation des documents dans Internet.

À cette époque, ce navigateur s'appelait **Mosaïc,** l'ancêtre de **Netscape.** À la suite de multiples perfectionnements dus à la demande toujours grandissante des internautes, une entreprise est née. Cette entreprise et son produit portent le nom Netscape.

Ce navigateur eut un tel succès qu'au début de 1996, plus de 30 millions d'internautes utilisaient Netscape à travers le monde. La compagnie America On Line vient de se porter acquéreur du navigateur Netscape. Ce qui va sans doute augmenter considérablement le nombre d'usagers du célèbre navigateur.

D'autre part, en 1994, nous avons vu apparaître sur le marché un autre excellent navigateur, **Microsoft Internet Explorer.** Internet Explorer (IE) est probablement le seul navigateur en mesure d'offrir les mêmes possibilités que Netscape. IE est distribué gratuitement avec le logiciel Windows 9x.

D'ailleurs, Netscape et Internet Explorer se partagent actuellement à peu de chose près l'ensemble du marché mondial. Ces deux navigateurs très évolués sont en mesure de vous transporter dans le cyberespace avec une facilité déconcertante.

Sur le chemin à parcourir, lors de l'apprentissage des fonctions avancées de Netscape et d'Internet Explorer, chaque succès, si modeste soit-il, exige une certaine discipline; notre ambition est de vous permettre d'accéder dans les meilleures conditions possibles au merveilleux monde de la navigation selon Netscape et Internet Explorer.

La navigation

Internet est un réseau complexe avec des millions d'ordinateurs interreliés, les données existent sous plusieurs formes et il y a de nombreuses méthodes pour les consulter.

Malheureusement, la plupart des utilisateurs n'ont pas le temps ou même l'envie d'apprendre à utiliser une panoplie d'outils complexes tels que FTP, Telnet, Gopher, pour consulter Internet.

La solution à ce problème est d'utiliser un navigateur comme Netscape ou Internet Explorer pour la consultation des données.

L'avantage est évident, l'apprentissage d'une seule interface est nécessaire pour avoir accès à l'information qui peut prendre des formes très variées: images, sons, vidéo, textes.

La navigation se résume donc à la manipulation d'une interface simple contenant des barres de défilement, des liens hypertextes, des liens images, et quelques outils supplémentaires simplifiant grandement la vie de l'internaute.

Cette interface simple, mais puissante, donne à l'internaute une capacité sans égale pour la consultation des données à l'échelle planétaire.

NETSCAPE 4.6
●●●●●●●●●

L'écran d'entrée dans Netscape 4.6

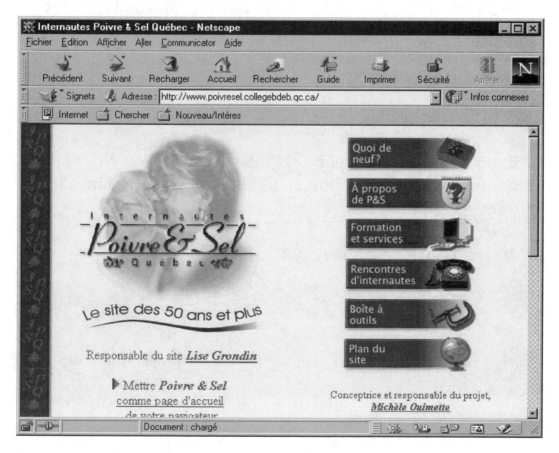

L'ensemble des barres de Netscape 4.6

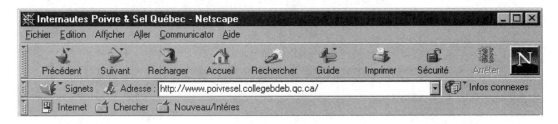

La barre de titre

La barre de titre, comme son nom l'indique, affiche le nom de la page active dans Netscape.

La barre des menus

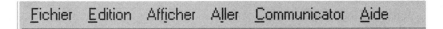

La barre des menus comporte six menus déroulants. Nous aurons l'occasion plus tard d'examiner de plus près un certain nombre d'entre eux.

La barre d'outils de navigation

Aller à la page précédente parmi les pages déjà atteintes.

Aller à la page suivante parmi les pages déjà atteintes.

Recharger une page à partir du serveur.

 Recharger la page d'accueil.

 Atteindre une liste d'outils de recherche pour Internet.

 Guide vers des sites intéressants.

 Imprimer la page active. (Attention, une page Web peut représenter plusieurs pages sur papier.)

 Afficher les informations de sécurité de la page Web.

 Arrêter le chargement d'une page en tout temps. Il devient rouge pendant le chargement d'une page Web.

Le bouton Netscape

 Le bouton Netscape vous permet d'atteindre la page Web principale de la compagnie Netscape. De plus, des astéroïdes sillonnent le ciel dans ce bouton durant le chargement d'une page Web.

La barre d'outils d'adresse

Cette barre contient le bouton [Signets] qui vous permet d'atteindre rapidement vos pages Web favorites. La fenêtre «Adresse» contient l'adresse exacte de la page Web active. Vous pouvez aussi écrire directement dans cette fenêtre l'adresse d'une page pour y accéder.

La barre d'outils personnelle

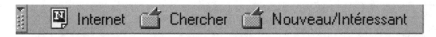

Le bouton Internet vous permet d'atteindre le site de Netscape France. Vous pouvez y faire la mise à jour du logiciel Netscape.

Le bouton Chercher vous permet d'effectuer une recherche dans Internet grâce à des outils de recherche proposés par Netscape. Vous pouvez aussi fouiller les Pages Jaunes de la France pour y repérer les noms et adresses d'utilisateurs d'Internet. Vous pouvez configurer ce bouton en y ajoutant vos outils de recherche préférés.

Le bouton Nouveau/Intéressant vous permet d'atteindre une liste de nouveaux sites et de sites intéressants répertoriés par le personnel de la compagnie Netscape.

La barre d'état

La barre d'état affiche des informations relatives au chargement d'une page Web. La barre d'état indique aussi l'adresse d'un site dès que vous placez le **pointeur** sur un **lien hypertexte** de la page active. Celui-ci prend alors la forme d'une **main** prête à tourner la page.

Les barres de défilement

Lorsque le contenu d'une fenêtre dépasse les dimensions d'affichage de la fenêtre, vous verrez apparaître des barres de défilement. Vous pouvez alors visualiser le haut et le bas, la gauche et la droite d'une page en la déplaçant grâce à ces barres.

La barre de défilement horizontale

La barre de défilement verticale

Vous pouvez aussi utiliser les touches de déplacement du clavier et la barre d'espacement.

Comment masquer les barres d'outils?

1. Cliquez sur le menu **Afficher** de la barre des menus et choisissez l'option **Affichage.**

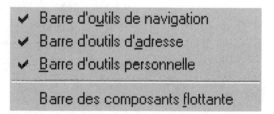

2. Cliquez sur l'option **Barre d'outils personnelle.** Le crochet disparaît et la barre est alors masquée.

    Vous pouvez, de la même façon, masquer la **barre d'outils de navigation** et **d'adresse.** Pour faire réapparaître l'une ou l'autre des barres masquées, recommencez les deux étapes de l'opération.

3. Vous pouvez aussi masquer ou faire réapparaître plus rapide-
    ment les barres en cliquant sur l'onglet  se trouvant à l'extré-
    mité gauche de chacune.

Comment changer la page d'accueil?

1. Choisissez l'option **Préférences...** du menu **Édition.**

Couper	Ctrl+X
Copier	Ctrl+C
Coller	Ctrl+V
Tout sélectionner	Ctrl+A
Rechercher sur la page...	Ctrl+F
Poursuivre la recherche	Ctrl+G
Rechercher sur Internet	
Préférences...	

2. Sélectionnez l'onglet **Navigator.**

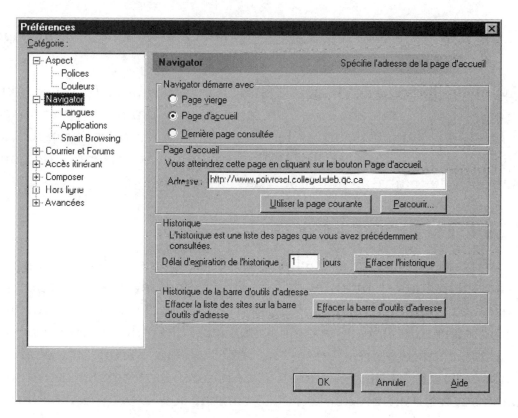

3. Incrivez, dans la section **Page d'accueil,** l'adresse de la page d'accueil que vous désirez utiliser, par exemple:

    http://www.poivresel.collegebdeb.qc.ca

4. Cliquez sur le bouton ⬛ OK ⬛ pour revenir à l'écran principal de Netscape.

5. Cliquez sur le bouton [Accueil] pour charger la nouvelle page d'accueil.

Avant d'aller plus loin dans l'étude de Netscape 4.6, nous vous proposons maintenant votre premier voyage dans le cyberespace d'Internet. Nous utiliserons les pages des *Internautes Poivre & Sel Québec* pour vous présenter les éléments qu'il est essentiel de connaître et de maîtriser pour bien naviguer.

LES LIENS HYPERTEXTES

Pour pouvoir naviguer facilement d'une page à l'autre dans le grand livre qu'est Internet, il faut se familiariser avec le repérage des liens hypertextes. Les liens peuvent prendre plusieurs formes différentes. Il s'agit de texte habituellement souligné ou d'images qui cachent d'autres textes ou images qui seront téléchargés lorsque vous cliquerez dessus. Les liens hypertextes sont très faciles à trouver. En déplaçant le curseur sur la page, s'il se transforme en main, c'est que vous venez de passer sur un lien hypertexte. Il suffit alors de cliquer avec le bouton gauche de la souris pour atteindre la page vers laquelle pointe le lien. Voici quelques exemples de liens dans la page d'accueil des *Internautes Poivre & Sel Québec.*

Remarque: Dans un premier temps, contentez-vous de déplacer le curseur sur les différents éléments de la page sans cliquer, simplement pour repérer le lien.

Le texte souligné

Placez le curseur sur Idée originale de *Michèle Ouimette* .

Les icônes

Placez le curseur sur  .

Les images

Placez le curseur sur l'image du Guide Internet.

Comment obtenir de l'information sur Poivre & Sel?

1. Cliquez sur  pour obtenir:

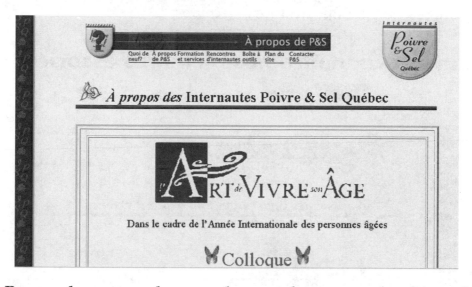

2. Prenez le temps de consulter quelques-uns des liens. Vous trouverez tous les renseignements pertinents sur le site des *Internautes Poivre & Sel Québec.*

Comment revenir en arrière sur le site de PSQ?

1. Appuyez sur ⬆, pour revenir dans le haut de la page courante du site.

2. Cliquez sur 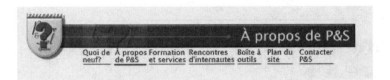, pour revenir à la page d'entrée du site.

3. Utilisez les liens soulignés apparaissant sous la barre du haut de la page, pour passer d'une page à l'autre.

4. Utilisez le bouton **Précédent** de la barre des boutons pour revenir vers les pages déjà atteintes.

Comment connaître nos membres associés?

1. Cliquez sur **À propos de P&S** pour obtenir:

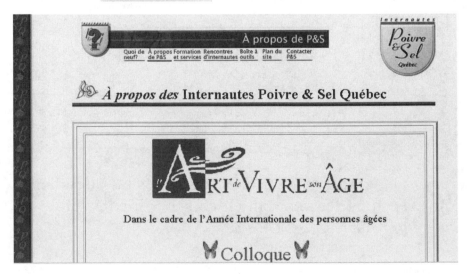

2. Faites dérouler la page puis cliquez sur 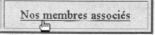 pour atteindre la page suivante.

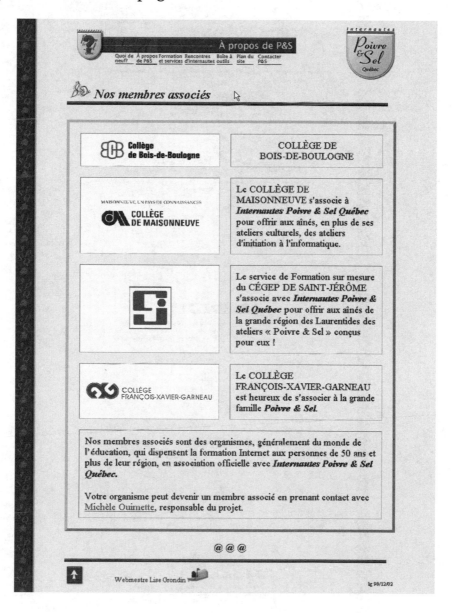

Comment connaître le plan du site PSQ?

1. Cliquez sur **Plan du site** 🖑 🌐 pour obtenir:

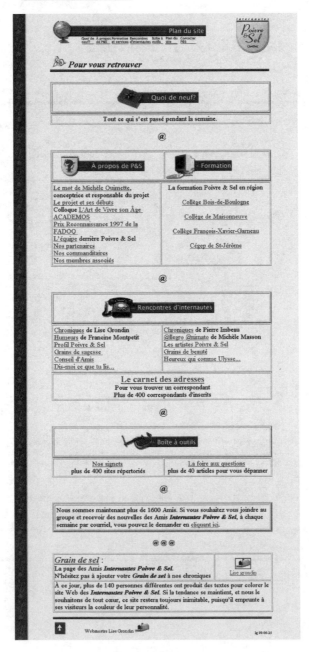

Comment naviguer dans Internet avec Poivre & Sel?

1. Cliquez sur [Boîte à outils 🖱️] pour obtenir:

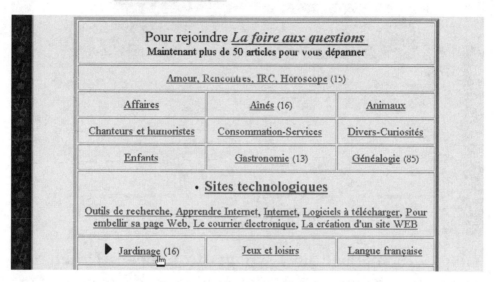

2. Cliquez sur **Jardinage.**

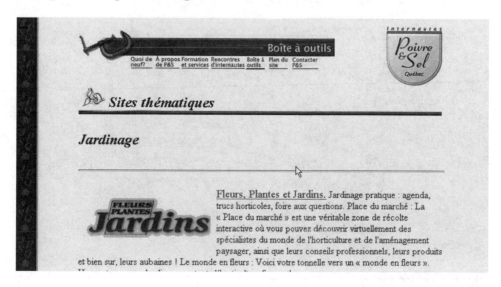

3. Faites dérouler la page pour trouver le lien hypertexte **La page de Laurent Deschamps**.

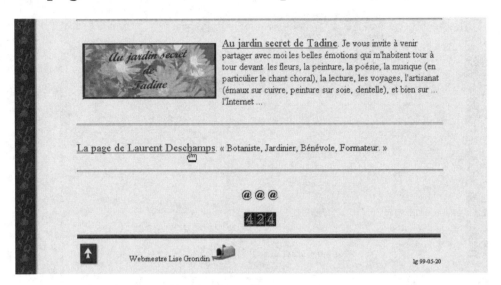

4. Cliquez maintenant sur **La page de Laurent Deschamps** et vous pourrez ainsi visiter le magnifique site conçu par l'un des formateurs d'*Internautes Poivre & Sel Québec.*

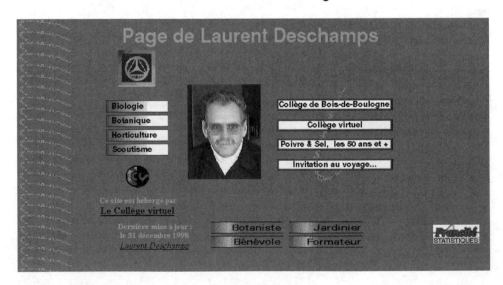

LES PRÉFÉRENCES

La section Préférences de **Netscape** vous semble-t-elle mystérieuse?

Nous allons en faire un tour d'horizon pour la démystifier et rendre Netscape encore plus convivial.

Comme tout logiciel puissant, Netscape possède une section Préférences qui permet d'adapter le logiciel aux besoins particuliers de l'utilisateur, optimisant du même coup son degré d'utilisation.

L'interface de Netscape 4.6 pour l'ajustement des préférences est construite autour d'un système d'arborescence. Celui-ci facilite ainsi énormément notre travail.

Accessible par le menu **Édition/Préférences,** l'interface se dévoile devant nous.

Un rapide coup d'œil permet de voir deux grandes sections:

1. La section **Catégorie** à gauche avec son arborescence.

2. La section droite du panneau pour effectuer les changements appropriés.

La section **Catégorie** peut être scindée en 7 sous-catégories.

Aspect: Contrôle la police de caractères et permet de personnaliser les couleurs.

Navigator: Permet de choisir la langue et les applications associées à Netscape.

Courrier et forums: Cette section permet de configurer le courrier électronique de Netscape et le module de lecture des forums.

Accès itinérant: Permet d'entrer les informations de connexion au serveur.

Composer: Définit les préférences pour la création des pages Web.

Hors ligne: Choisit le mode de démarrage.

Avancées: Permet de configurer la mémoire Cache (sur le disque rigide) et certains paramètres de navigation.

Comment modifier l'affichage?

1. Choisissez l'option **Préférences...** du menu **Édition**.

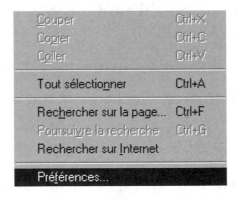

2. Sélectionnez le dossier **Aspect**.

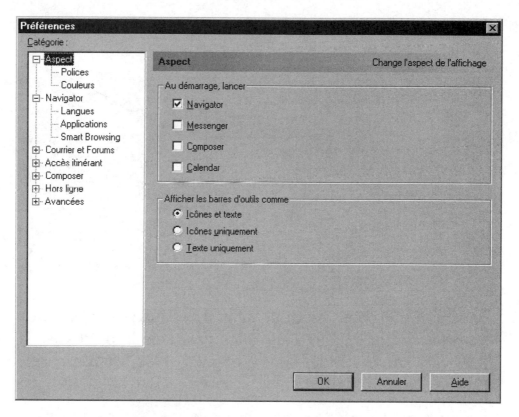

3. Déterminez l'aspect de la barre de boutons principale, en choisissant **Icônes** ou **Texte** dans la région **Afficher la barre d'outils comme...**

4. Cliquez sur l'onglet **Polices,** si vous désirez changer la taille de l'affichage du texte dans Netscape.

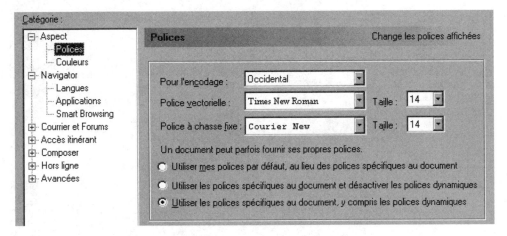

5. Sélectionnez maintenant l'onglet **Couleurs** si vous désirez modifier la couleur de l'affichage des liens hypertextes. Il est préférable de laisser les liens soulignés. Ils seront ainsi toujours plus facilement identifiables.

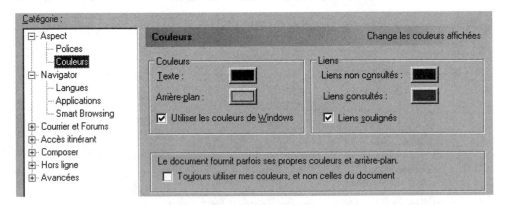

Comment personnaliser Netscape?

1. Choisissez l'option **Préférences...** du menu **Édition.**

2. Double-cliquez sur le dossier **Courrier et Forums.**

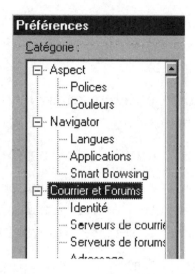

3. Sélectionnez **Identité**.

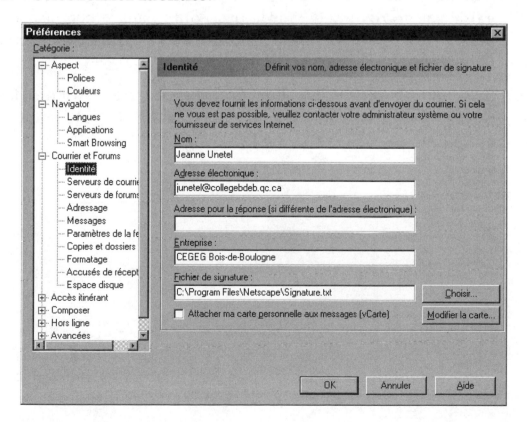

4. Remplissez la boîte de dialogue **Nom.** Ceci permet de personnaliser votre courrier électronique dans Netscape et aussi votre carnet de signets.

5. Indiquez votre adresse de courrier électronique dans la boîte **Adresse électronique.**

   Par exemple: **junetel@collegebdeb.qc.ca**

Cette adresse comprend votre nom d'usager (**junetel**) suivi de @ et du nom de votre serveur de courrier. Il s'agit souvent aussi du nom de votre fournisseur de services Internet (**collegebdeb.qc.ca**).

6. Utilisez le bouton [Choisir...] pour repérer le fichier contenant votre signature. Ce fichier doit déjà être rédigé et sauvegardé sur votre disque (voir la procédure dans le chapitre sur le courrier). Ce fichier sera automatiquement ajouté à chacun de vos messages.

7. Sélectionnez maintenant **Serveur de courrier.** Donnez les renseignements requis, comme dans la fenêtre suivante, si votre fournisseur Internet est le Collège.

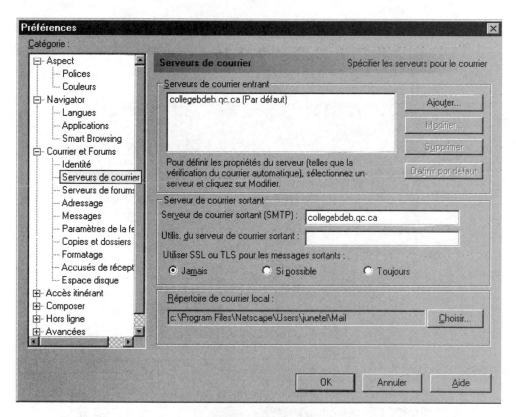

8. Cliquez sur le bouton [Ajouter...] et remplissez la fenêtre en inscrivant le nom de votre serveur de courrier et votre nom d'usager.

Cochez aussi l'option **Se souvenir du mot de passe.** Ainsi, Netscape vous demandera votre mot de passe de courrier seulement la première fois que vous accéderez au courrier électronique.

Fixez la fréquence de vérification de la réception du courrier en cochant l'option **Vérifier le courrier toutes les 15 minutes.**

Il est recommandé d'indiquer une fréquence de vérification qui vous permettra de ne pas être constamment dérangé durant votre travail. Cliquez sur OK .

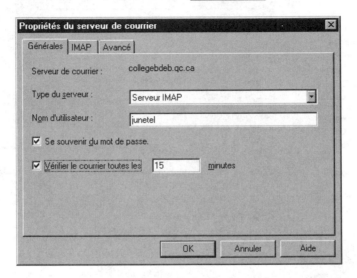

9. Sélectionnez maintenant **Serveurs de Forums.**

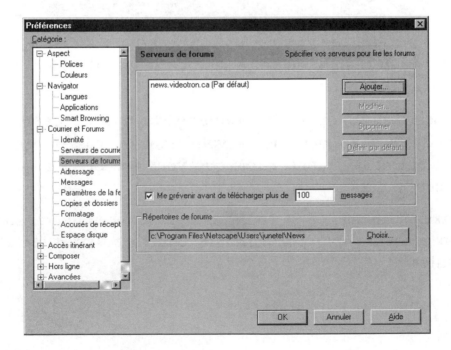

10. Cliquez sur le bouton [Ajouter...] et indiquez le nom du serveur de nouvelles fourni par votre fournisseur de services Internet. Si vous êtes un client du Collège Virtuel, tapez **news. videotron.ca.** Cochez aussi l'option **Toujours utiliser le nom d'utilisateur et le mot de passe.** Cliquez sur [OK].

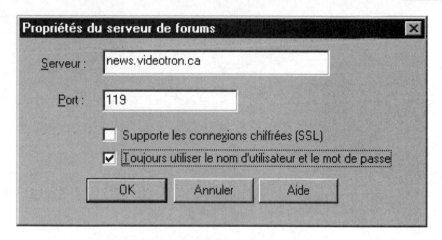

11. Cliquez sur [OK] pour enregistrer vos changements.

LES OUTILS DE RECHERCHE DE NETSCAPE

Comment effectuer une recherche rapide dans Netscape?

1. Tapez **?** suivi du mot clé pour votre recherche directement dans la barre d'adresse. Par exemple: **?golf.**

Vous obtenez la page des résultats suivante.

Résultats de Recherche

by **eXcite** FRANCE

?golf   en Français   sur Web français   Recherche

Options   Aide

Sélectionnez les mots à ajouter à votre recherche.

☐ trous   ☐ parcours   ☐ green   ☐ mauricie   ☐ balles
☐ practice   ☐ tournois   ☐ royal   ☐ înoment   ☐ terrains

RACCOURCIS   **PAGES WEB**
La chaîne Sport : le Golf   Les sites sur le Golf

PAGES WEB

À propos de vos résultats   N'afficher que les Titres
10 meilleurs résultats.   Classer par Site

68% Douwood : golf : marques. [Sites Similaires]
URL http://www.cybercable.tm.fr/~douwood/golfmarques.html
      A Hole In One , les balles (anglais). AlienSport, clubs et tips (anglais). Back nine
      golf shop, clubs (anglais). Craftsmith, clubs (anglais). Cyber Ridge Golf, livres,
      vidéos, CD-Rom (anglais)

2. Choisissez le **Web Mondial,** pour modifier votre recherche.

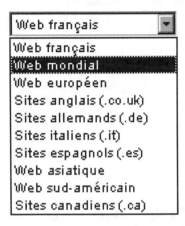

3. Déroulez la liste des langues proposées pour choisir une autre langue pour votre recherche.

4. Sélectionnez **tournois** dans la liste des mots proposés.

5. Cliquez sur Recherche .

76% Netcenter France [Sites Similaires]

URL http://fr.guide.excite.com/jeux/directory/2150

Vous êtes ici : > Annuaire en partenariat avec NOMADE Golf Québec Golf Québec offre de l'information générale sur le golf tel que l'historique de ce sport et ses principales associations.

76% Netcenter France [Sites Similaires]

URL http://fr.guide.excite.com/auto_moto/directory/2150

Vous êtes ici : > Annuaire en partenariat avec NOMADE Golf Québec Golf Québec offre de l'information générale sur le golf tel que l'historique de ce sport et ses principales associations.

75% La page 1999 de Golf Mauricie [Sites Similaires]

URL http://www.geocities.com/Augusta/4072/gm.htm

Bienvenue au site 1999 de Golf Mauricie LES TOURNOIS L'Association de Golf du Québec SPÉCIAL 1999 LES CLASSEMENTS Le championnat provincial inter-districts

74% Le golf [Sites Similaires]

URL http://www.icrdl.net/icrdl/votreguide/signets/tgolf.htm

Le golf Le golf au Québec, choisissez votre terrain, conseils, ... Centre d'interprétation relatant l'histoire du golf d'hier à aujourd'hui. Données historiques

Comment atteindre des outils de recherche?

1. Cliquez sur ⬛ pour atteindre la page anglaise de Netscape vous proposant d'effectuer une recherche à l'aide de quelques outils de recherche.

D'entrée de jeu, la page de **Recherche sur Internet** vous propose huit outils de recherche: Netscape, Excite, GoTo.com, HotBot, LookSmart, Lycos, Snap et Google. L'interface active est choisie aléatoirement lors de votre arrivée sur la page de recherche de Netscape.

2. Déroulez la page ci-dessus pour atteindre **Change Site Language/Locality:** | Aust. English ▾ | Go! | , si vous désirez travailler avec l'interface française. Cliquez sur la flèche pour dérouler le menu des langues et des sites disponibles.

```
Aust. English
Chinese (Simplified)
Chinese (Taiwan)
Chinese (Hong Kong)
Danish
Dutch
French
German
Indonesia
Italian
Japanese
Korean
Poland
Braz. Portuguese
Russia
Spanish
Swedish
UK English
```

3. Choisissez **French** pour atteindre l'interface en langue française.

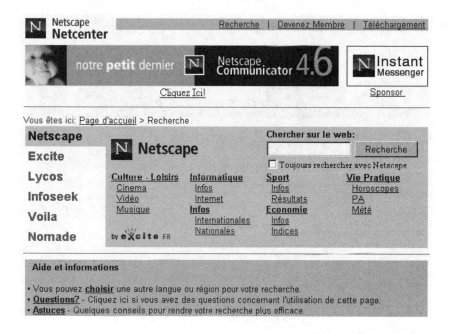

Comment utiliser la page de recherche de Netscape?

1. Choisissez l'outil **Lycos** et tapez le mot **golf** dans la boite de texte.

2. Cliquez sur Trouver pour obtenir la page des résultats fournis par Lycos.

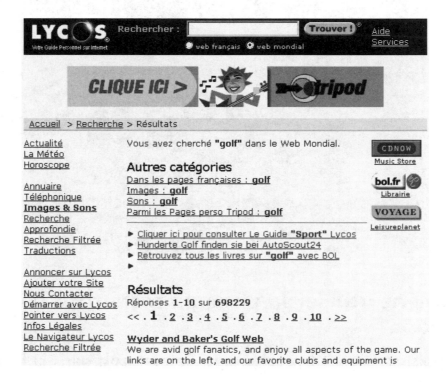

3. Cliquez sur les hyperliens qui apparaissent dans la page, pour visiter les sites proposés comme résultats de votre recherche.

Résultats

Réponses **1-10** sur **698229**

<< . **1** . 2 . 3 . 4 . 5 . 6 . 7 . 8 . 9 . 10 . >>

Wyder and Baker's Golf Web

We are avid golf fanatics, and enjoy all aspects of the game. Our links are on the left, and our favorite clubs and equipment is featured on this page. alien golf Alien Sport Callaway Golf Callaway Go
http://members.tripod.com/~Tweed/golf.html
(100% - 7k)
Pour plus de réponses comme celle-ci

3G GOLF

Click to enlarge 3G GOLF
For all your Golfing Needs 3G GOLF For all your Golfing Needs Golf Shoes, Golf Clubs, Golf Shirts, Golf Hats, Golf Bags, & Golf Accessories. GOLF BAGS Golf Bags Hot Z
http://www2.viaweb.com/virtualdelco/3ggolf.html
(99% - 15k)
Pour plus de réponses comme celle-ci

Remarque: Vous pouvez taper vos mots clés en anglais ou en français, peu importe la langue de l'interface de recherche de Netscape.

Il n'est pas nécessaire d'utiliser la page de recherche de Netscape pour effectuer vos recherches dans Internet. Il existe, en effet, de nombreux outils de recherche sur le Web. Pour de plus amples renseignements sur le fonctionnement des outils de recherche, passez à la section concernant les moteurs de recherche La Toile du Québec, Yahoo! France, et AltaVista.

LES SIGNETS

Qu'est-ce qu'un signet?

Les signets sont votre fil d'Ariane dans Netscape. Ils vous permettent de retrouver rapidement votre chemin vers vos sites favoris. Les signets sont des marques que vous laissez sur les pages qui vous intéressent en feuilletant le «grand livre» du cyberespace. Les adresses des sites marqués sont gardées par Netscape dans un carnet, un peu comme vous gardez précieusement, dans votre agenda, les renseignements concernant vos amis.

Comment ajouter un signet?

Lorsque vous avez atteint un site particulièrement intéressant, ouvrez le menu **Signets** sur la barre d'outils d'adresse et cliquez sur **Ajouter un signet.** Vous pouvez aussi activer les touches **Ctrl-D** pour obtenir le même résultat.

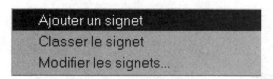

Pour placer un premier signet, atteignez d'abord la page:

www.poivresel.collegebdeb.qc.ca/

et cliquez sur **Ajouter un signet.** Le menu **Signets** se transforme de la façon suivante.

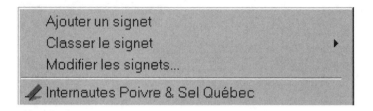

Le titre de la page que vous venez de marquer d'un signet s'ajoute au menu **Signets.** Dans l'exemple, le titre est **Internautes Poivre & Sel Québec.** Nous vous invitons à placer un signet pour chacune des pages que vous jugez intéressantes.

Vous pouvez aussi insérer un nouveau signet dans votre carnet en cliquant sur l'icône à la gauche de l'adresse de la page atteinte et, tout en maintenant le bouton gauche de la souris enfoncé, en glissant le pointeur sur le mot Signets.

Le carnet de signets s'ouvre alors et il suffit de placer votre nouveau signet à l'endroit désiré en relâchant le bouton gauche de la souris.

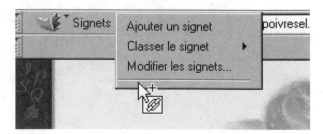

Comment sauvegarder un carnet de signets?

1. Atteignez l'éditeur de carnet de signets, en choisissant l'option **Modifier les signets...** du menu **Signets.**

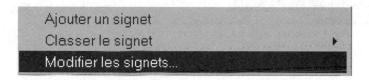

2. Choisissez l'option **Enregistrer sous...** du menu **Fichier** de l'éditeur de carnet de signets.

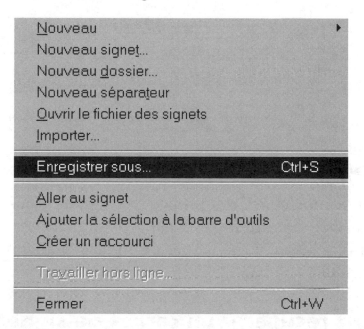

3. Choisissez le lecteur et le répertoire dans lequel vous désirez effectuer la sauvegarde (par exemple: **A:**). Vous pouvez aussi sauvegarder votre carnet de signets sur **C:**.

4. Nommez votre fichier (par exemple, **Signets en vrac.htm**). Vous pouvez utiliser n'importe quel nom pour votre fichier.

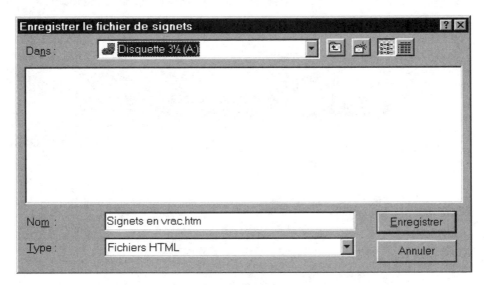

5. Cliquez sur le bouton [Enregistrer]. C'est fait...

L'aménagement d'un carnet de signets

Si vous suivez nos conseils à propos des signets, vous obtiendrez bientôt une liste très impressionnante de signets. Le temps sera alors venu de classer votre carnet de signets pour qu'il soit plus facile à consulter.

Comment récupérer un carnet de signets?

1. Atteignez l'éditeur de carnet de signets, en choisissant l'option **Modifier les signets...** du menu **Signets.**

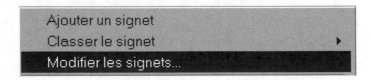

2. Choisissez l'option **Ouvrir le fichier des signets** du menu **Fichier** de l'éditeur de carnet de signets.

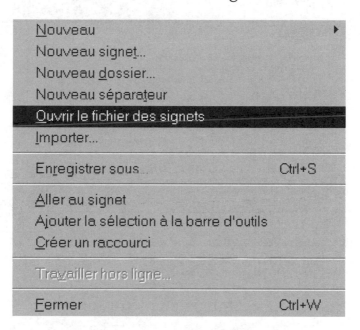

3. Choisissez le lecteur et le répertoire dans lesquels se trouve votre carnet de signets (par exemple: **A:**). Vous pouvez aussi récupérer le carnet de signets sur le CD-ROM fourni avec ce volume. Il suffit d'insérer le CD-ROM dans le lecteur et de choisir **D**: dans la liste des lecteurs. Les carnets de signets sont dans le répertoire source du CD-ROM.

4. Sélectionnez votre fichier (par exemple: **Signets en vrac.htm**).

5.   Cliquez sur le bouton | Ouvrir |.

Votre écran ressemblera alors à la fenêtre suivante:

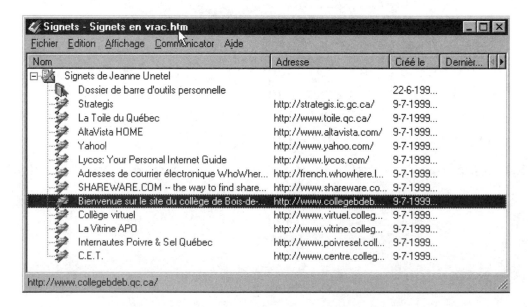

Comment changer les propriétés d'un signet?

1. Sélectionnez un signet (par exemple: **Bienvenue sur le site du Collège de Bois-de-Boulogne**). L'option **Propriétés des signets...** du menu **Édition** vous permet de modifier le nom du signet sélectionné et de lui ajouter une description.

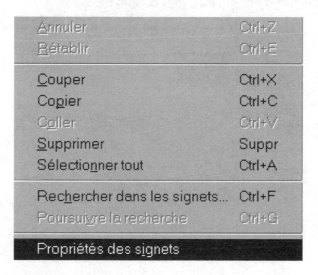

2. Inscrivez dans la section **Nom: Collège de Bois-de-Boulogne** et dans la section **Description: Site principal du Collège de Bois-de-Boulogne à partir duquel vous pouvez atteindre tous les autres sites du Collège.** Vous devriez obtenir ce qui suit:

Attention! La description n'apparaît pas directement dans le carnet de signets. Elle ne sera visible que si vous affichez votre carnet de signets comme une page Web dans Netscape.

Comment classer vos signets?

Pour mieux organiser votre carnet de signets, il faut d'abord créer un certain nombre de dossiers et ensuite regrouper les sites de même nature dans le dossier approprié.

Comment créer un dossier?

1. Sélectionnez l'un des signets avec la souris.

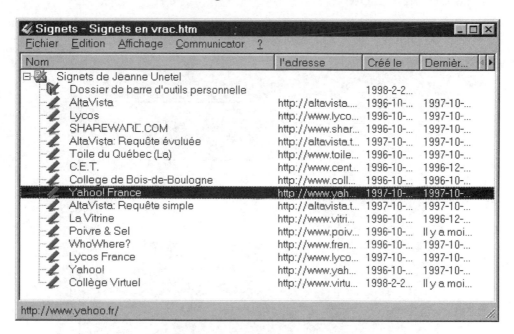

2. Utilisez l'option **Nouveau dossier...** du menu **Fichier.**

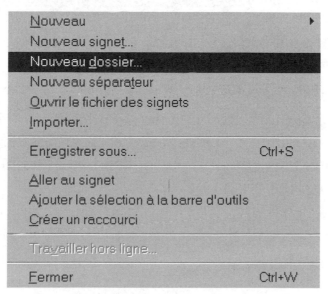

3. Nommez votre dossier **Outils de recherche.** Le nom de votre dossier doit indiquer le plus clairement possible la nature des sites qu'on y trouve.

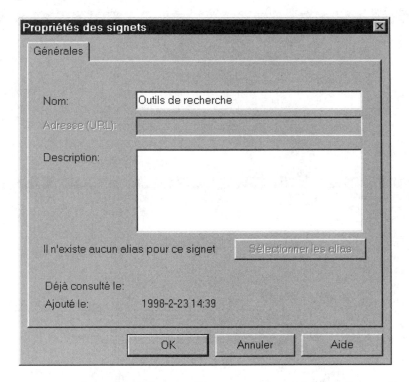

4. Sélectionnez le ou les signets et glissez-les dans le dossier approprié en maintenant le bouton gauche de la souris enfoncé pour classer les signets dans le dossier.

5. Créez, de la même façon, autant de dossiers qu'il sera nécessaire. Vous pouvez aussi créer des sous-dossiers pour améliorer votre classement. Vous obtiendrez alors un résultat qui pourrait ressembler au suivant.

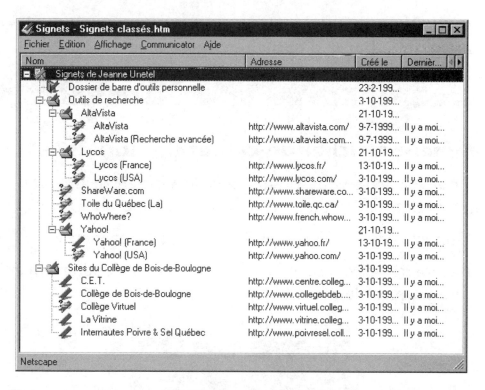

6. Fermez maintenant l'éditeur de signets et revenez au navigateur Netscape. Cliquez sur **Signets.** La liste des signets disponibles est maintenant réduite à trois dossiers qui se
   développent en sous-menus lorsqu'on y place le curseur de la
   souris.

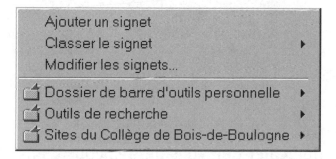

7. Glissez dans le **Dossier de la barre d'outils personnelle** le
   ou les signets que vous utilisez le plus fréquemment (par

exemple, **AltaVista**). Ces signets apparaîtront alors directement sur la **barre d'outils personnelle.**

Comment afficher un carnet de signets?

Vous pouvez créer votre première page Web en récupérant votre carnet de signets comme une page de Netscape.

1. Quittez l'éditeur de carnet de signets, si vous y êtes.

2. Récupérez votre carnet de signets en utilisant l'option **Consulter une page...** du menu **Fichier** de Netscape.

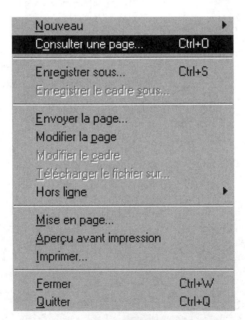

3. Appuyez sur le bouton Choisir le fichier... qui vous permettra d'afficher le fichier que vous désirez consulter.

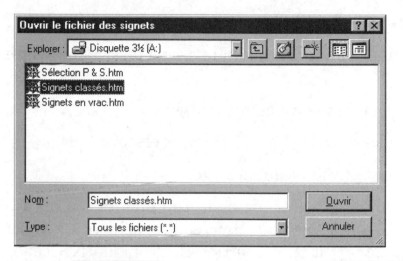

4. Cliquez sur [Ouvrir] et à nouveau sur [Ouvrir]. Vous obtiendrez alors une page Web dans laquelle les liens hypertextes sont actifs, et qui affiche aussi toutes les descriptions que vous aurez pris soin d'inscrire dans votre carnet de signets. Remarquez que cette page est personnalisée si vous avez pensé à bien remplir les préférences d'identité de Netscape.

Signets de Jeanne Unetel

Dossier de barre d'outils personnelle

Outils de recherche

AltaVista

AltaVista
> Le meilleur... avec une interface anglaise.

AltaVista (Recherche avancée)
> Permet d'utiliser toute la puissance de recherche d'AltaVista

Lycos

Lycos (France)
> Le deuxième... avec une interface française.

Lycos (USA)
> Le deuxième... avec une interface anglaise.

Comment exporter un carnet de signets?

Vous pouvez faire parvenir votre carnet de signets à votre meilleur ami.

1. Sauvegardez votre carnet de signets.

2. Ouvrez votre logiciel de courrier électronique.

3. Rédigez un nouveau message.

4. Ajoutez votre carnet de signets en **Fichiers joints** à votre message. Voir la section consacrée aux fichiers joints dans le chapitre concernant le courrier électronique Netscape, Outlook Express ou Eudora.

5. Envoyez votre message. Lorsque votre ami le recevra, il obtiendra en même temps votre carnet de signets. Il lui suffira de récupérer votre carnet de signets. Il pourra alors l'afficher dans Netscape en utilisant l'option **Consulter une page...** du menu **Fichier.** Tous les liens hypertextes que vous lui avez fait parvenir sont immédiatement disponibles et actifs.

LE COURRIER ÉLECTRONIQUE DANS NETSCAPE 4.6

Qu'est-ce que le courrier électronique?

Le courrier électronique ou e-mail (*electronic mail*), ou encore courriel, est un système de transmission de messages par voie électronique sur un réseau de communication (Internet, Ethernet, etc.).

Le courrier électronique est certainement l'outil le plus simple et le plus utile dans Internet. Il permet de communiquer avec tous les autres internautes, sur toute la planète. Certains estiment à 20 milliards le nombre de messages acheminés dans Internet chaque année!

La facilité de son utilisation, sa vitesse sans égale, et sa grande souplesse l'ont rendu incontournable dans la majorité des entreprises.

Presque tous les fournisseurs d'accès à Internet offrent à leurs clients une adresse électronique se présentant ainsi:

nom@organisation.domaine

Le **nom** est le nom d'usager (internaute) qui est attribué par le fournisseur à son client. **L'organisation.domaine** est le lien d'attache où l'on dispose d'une liaison Internet, ce que l'on appelle en langage d'Internet: un nom de domaine. Par exemple, **videotron.net**, **uqam.net** ou **collegebdeb.qc.ca** si votre fournisseur est Vidéotron, l'Université du Québec à Montréal ou le Collège de Bois-de-Boulogne. Le nom de domaine comprend généralement un nom d'organisation et un suffixe qui peut être l'abréviation d'une organisation commerciale (.net, .com) ou celle d'un pays (.qc, .ca). Habituellement, chaque adresse électronique est associée à une boîte aux lettres électronique dans laquelle l'internaute récupère ses messages.

Netscape 4.6 possède déjà un système de courrier électronique très évolué: c'est donc ce système que nous nous proposons d'explorer dans ce chapitre.

Comment ouvrir le courrier?

1. Ouvrez Netscape.

2. Choisissez l'option **Messenger** dans le menu **Communicator.**

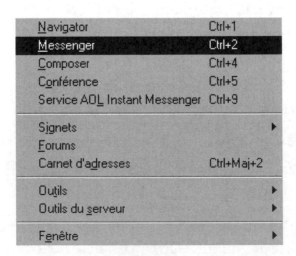

Vous pouvez aussi cliquer sur [icône] à la droite de la barre d'état.

L'écran d'entrée du courrier Netscape

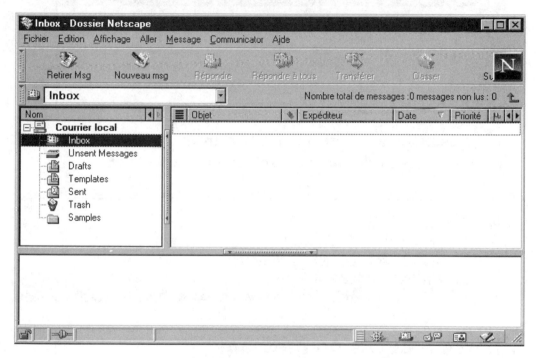

L'écran du courrier Netscape se divise en trois régions pour l'affichage.

À gauche, l'affichage de la liste des dossiers.

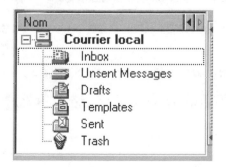

À droite, l'affichage de la liste des messages contenus dans le dossier sélectionné.

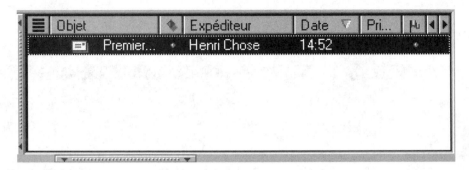

Sous les deux régions précédentes se trouve celle dans laquelle s'affiche le contenu du message sélectionné.

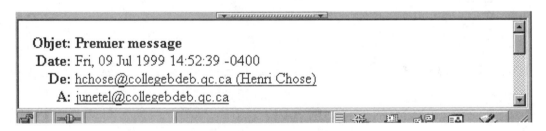

La barre d'outils de message

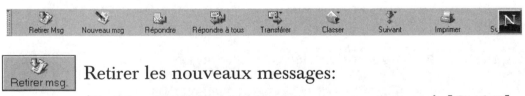

Retirer les nouveaux messages:

(Fichier/Retirer les nouveaux messages) [Ctrl-T].

Composer un nouveau message:

(Fichier/Nouveau/Message) [Ctrl-M].

Répondre à l'expéditeur uniquement:

(**Message/Répondre**) [**Ctrl-R**].

 Répondre à l'expéditeur et à tous les destinataires:

(**Message/Répondre à tous**) [**Ctrl-Maj-R**].

 Transférer le message sélectionné:

(**Message/Transférer**) [**Ctrl-L**].

 Classer le message sélectionné:

(**Message/Déplacer message**).

 Aller au message non lu suivant:

(**Aller/Suivant/Message non lu**).

 Imprimer le message sélectionné:

(**Fichier/Imprimer**) [**Ctrl-P**].

Comment savoir si j'ai du courrier?

Vous pouvez, en tout temps pendant votre session de travail, vérifier si vous avez reçu du courrier en tapant **Ctrl-T**, en choisissant l'option **Retirer les nouveaux messages** dans le menu **Fichier** ou en cliquant sur le bouton .

Comment lire un message?

1. Sélectionnez, dans la liste des dossiers, celui dans lequel se trouve le message que vous désirez lire. Il s'agit généralement du dossier **Inbox.**

2. Sélectionnez le message que vous désirez lire.

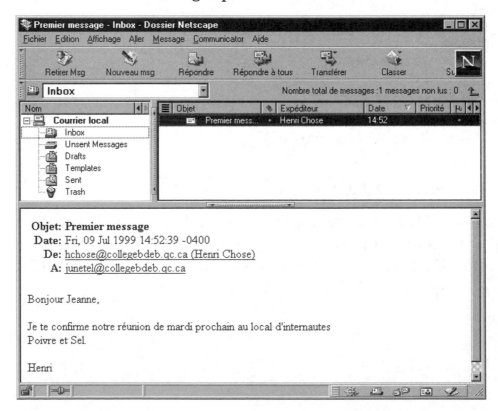

Comment envoyer un message?

1. Ouvrez la fenêtre, pour envoyer un nouveau message, en cliquant sur [Nouveau msg] ou en tapant sur **Ctrl-M,** ou encore en choisissant l'option **Nouveau/Message** du menu **Fichier**; vous obtiendrez alors:

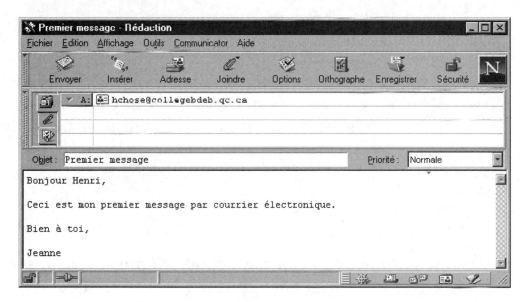

2. Remplissez l'en-tête du message. Vous devez taper l'adresse électronique de votre correspondant. Cliquez dans la zone **Objet**: et écrivez quelques mots pour donner un indice du contenu de votre message.

   Pour obtenir le @, utilisez **AltCar+2**.

3. Rédigez votre message.

```
Bonjour Henri,

Ceci est mon premier message par courrier électronique.

Bien à toi,

Jeanne
```

4. Cliquez sur  et sélectionnez l'option **Accusé de réception.** Ainsi, lorsque votre destinataire ouvrira votre message, vous recevrez un message confirmant qu'il a bien été transmis.

Attention! Ne sélectionnez pas l'option **Signé** si vous n'avez pas fabriqué votre fichier de signature. Nous y reviendrons.

5. Envoyez votre message en cliquant sur `Envoyer`.

6. Après l'envoi, votre message est conservé dans le dossier **Sent.** Vous pouvez ainsi consulter le courrier que vous avez envoyé en sélectionnant le dossier **Sent** et en cliquant sur le message désiré.

7. **Attention!** Si vous avez commis une erreur dans l'adresse de votre correspondant, vous recevrez un message du maître de poste électronique. Lisez attentivement ce message. Vous pourrez alors savoir l'erreur qui a été commise et ainsi la corriger.

Si, par exemple, vous n'avez pas noté correctement l'adresse sur le message: ouvrez le dossier **Sent,** ouvrez le message initial, corrigez l'adresse et renvoyez le message en cliquant sur 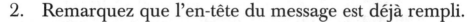.

Si l'adresse que vous avez notée l'a été correctement, il s'agit peut-être d'une mauvaise adresse. Téléphonez à votre correspondant pour lui demander à nouveau son adresse électronique.

Comment répondre à un message?

1. Sélectionnez le message et cliquez sur Répondre.

2. Remarquez que l'en-tête du message est déjà rempli.

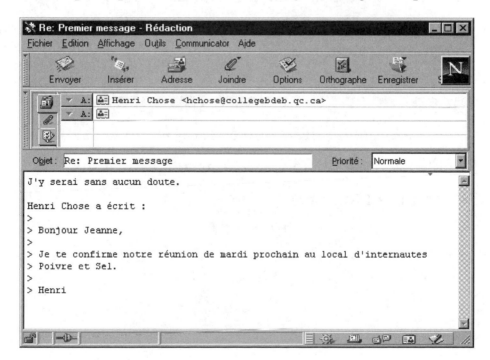

Le texte du message original apparaît automatiquement dans votre message réponse si vous n'avez pas modifié cette option dans les préférences de courrier de Netscape. Il est précédé de chevrons (>). Ceci permet à votre correspondant de différencier plus facilement votre réponse du texte de son message à lui. Vous pouvez laisser ce texte ou, si ce n'est pas utile, sélectionner le texte et appuyer sur la touche **Supp,** la touche d'effacement-suppression.

Le curseur est placé avant le message original. Il vous suffit de rédiger votre réponse. Dans le cas d'un message particulière-ment long, vous pouvez diviser votre réponse à l'intérieur du message. Les chevrons deviennent alors plus importants.

3.   Envoyez votre réponse en cliquant sur le bouton .

Remarque: Il n'est pas nécessaire de conserver le message origi-nal dans votre réponse.

Comment configurer votre réponse?

1.   Choisissez l'option **Préférences...** du menu **Édition.**

2.   Double-cliquez sur le dossier **Courrier et forums.**

3.   Sélectionnez **Messages.**

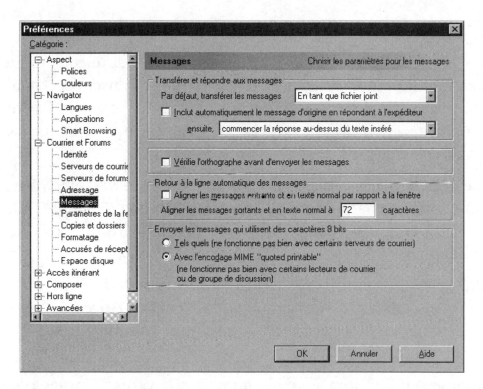

4. Désélectionnez l'option **inclut automatiquement le message d'origine en répondant à l'expéditeur.**

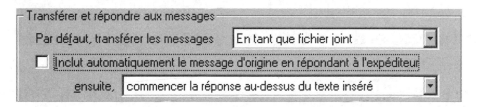

Ainsi, le message original ne sera pas inclus par défaut dans votre réponse. Cependant, si vous désirez l'inclure occasionnellement, il vous suffira de cliquer sur [Insérer].

LE CARNET D'ADRESSES

Dans presque tous les programmes de courrier électronique, il existe une fonction «Carnet d'adresses» pour conserver les adresses électroniques de nos correspondants. Ce carnet d'adresses fonctionne, à peu de chose près, comme notre bon vieux carnet d'adresses en papier…

Cette fonction très utile évite d'écrire les adresses électroniques manuellement chaque fois qu'on envoie du courrier, elle élimine du même coup les fautes de frappe toujours fréquentes. Fin du cauchemar syntaxique…

L'utilité du carnet d'adresses est qu'il permet d'écrire automatiquement l'adresse électronique dans le champ Adresse d'un message de courrier électronique par un simple double clic sur le nom du correspondant.

Netscape étant un logiciel de communication très complet ayant la capacité d'envoyer du courrier électronique, il n'échappe donc pas au carnet d'adresses…

Comment entrer une adresse dans le carnet d'adresses?

1. Choisissez l'option **Carnet d'adresses** dans le menu **Communicator.**

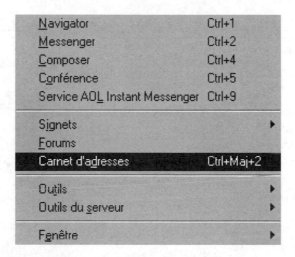

Vous obtiendrez alors la fenêtre suivante.

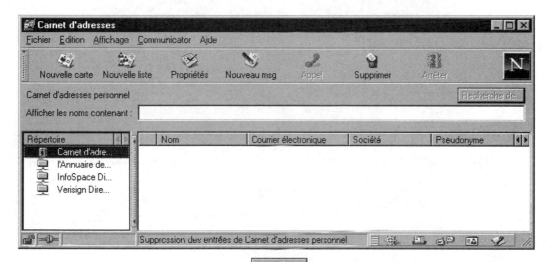

2. Cliquez maintenant sur [Nouvelle carte] pour obtenir une nouvelle carte.

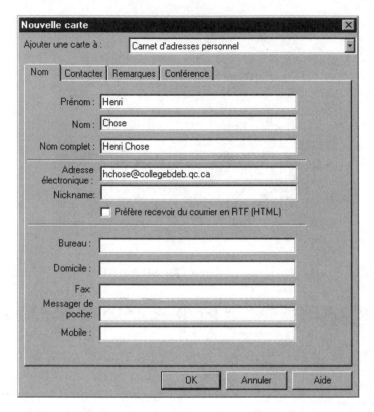

3. Inscrivez le **Prénom**, le **Nom** et l'**Adresse électronique** comme ci-dessus. N'oubliez pas le @ (**AltCar+2**).

4. Cliquez sur [OK] pour sauvegarder.

Comment modifier une entrée du carnet d'adresses?

1. Choisissez l'option **Carnet d'adresses** dans le menu **Communicator.**

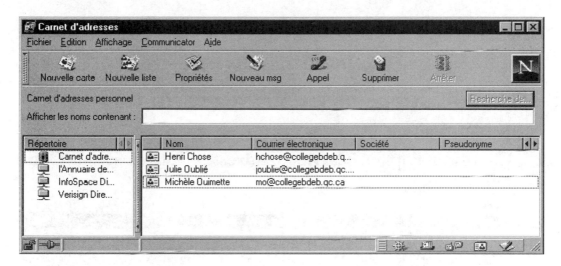

2. Sélectionnez l'entrée que vous désirez modifier.

3. Cliquez sur [image: Propriétés].

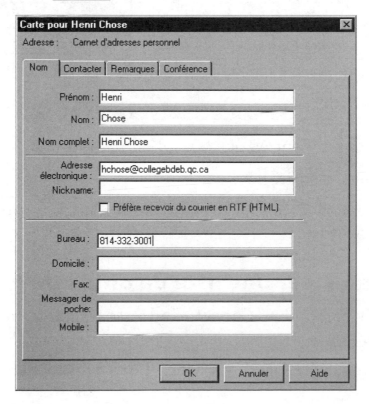

4. Effectuez vos modifications et cliquez sur [OK] pour sauvegarder.

Comment supprimer une entrée du carnet d'adresses?

1. Choisissez l'option **Carnet d'adresses** dans le menu **Communicator.**

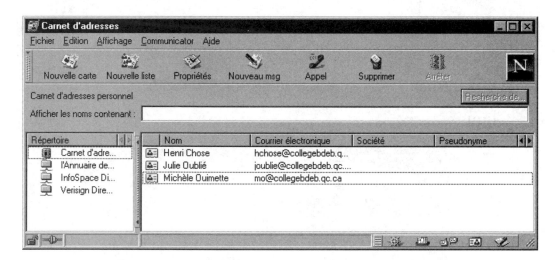

2. Sélectionnez l'entrée que vous désirez supprimer.

    Exemple: Henri Chose.

3. Cliquez sur [Supprimer] ou choisissez l'option **Supprimer** du menu **Éditionx**

Comment créer une liste de diffusion?

1. Choisissez l'option **Carnet d'adresses** dans le menu **Communicator.**

2. Cliquez sur [Nouvelle liste]. Vous obtiendrez alors la fenêtre suivante.

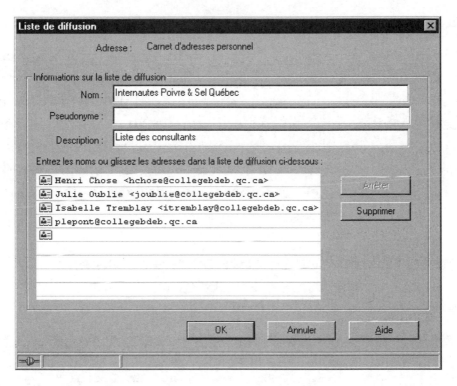

3. Inscrivez le **Nom** de la nouvelle liste. Exemple: Internautes Poivre & Sel Québec.

4. Remplissez maintenant la zone **Description** de la liste de diffusion.

Si l'adresse électronique de la personne que vous désirez inscrire à votre liste existe déjà dans votre carnet, Netscape complétera lui-même son adresse électronique dès que vous commencerez à la taper. S'il s'agit d'une nouvelle entrée, tapez l'adresse électronique dans la liste et Netscape créera automatiquement une nouvelle carte individuelle pour cette adresse. Il suffira d'aller la modifier par la suite.

Remarque:

Si vous supprimez une entrée individuelle, elle disparaît de toutes les listes dans lesquelles elle se trouve. L'inverse n'est pas vrai. Vous pouvez la supprimer d'une liste tout en la conservant comme entrée individuelle du carnet d'adresses. Si vous effectuez des modifications au nom, au prénom ou à l'adresse électronique sur une carte individuelle, les modifications sont alors faites automatiquement dans toutes les listes de diffusion concernées.

Comment utiliser le carnet d'adresses?

1. Cliquez sur Nouveau msg puis sur Adresse .

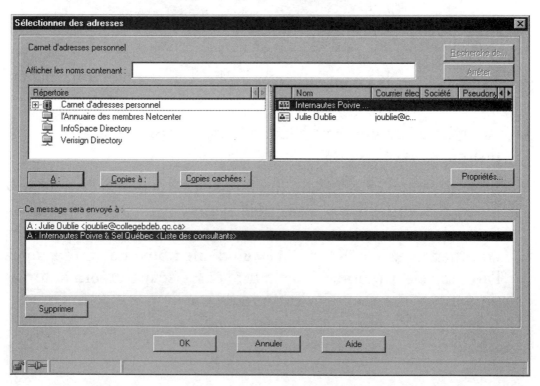

2. Sélectionnez une adresse individuelle ou une liste de diffusion et cliquez sur [A:] puis sur [OK]. Les adresses s'inscriront automatiquement dans l'en-tête de votre nouveau message.

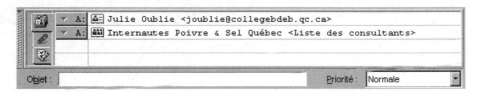

```
      ▼  A:  Julie Oublie <joublie@collegebdeb.qc.ca>
      ▼  A:  Internautes Poivre & Sel Québec <Liste des consultants>

Objet :                                              Priorité :  Normale
```

3. Terminez votre message et cliquez sur [Envoyer]. Le message est alors envoyé à toutes les personnes dont l'adresse figure dans l'en-tête, soit à titre d'adresse individuelle, soit à l'intérieur de la liste de diffusion.

LA GESTION DES DOSSIERS

Comment voir le contenu des dossiers?

1. Choisissez l'option **Messenger** dans le menu **Communicator.**

2. Sélectionnez le dossier dans lequel vous désirez lire le courrier. Par exemple, pour lire votre nouveau courrier, cliquez sur le dossier **Inbox.**

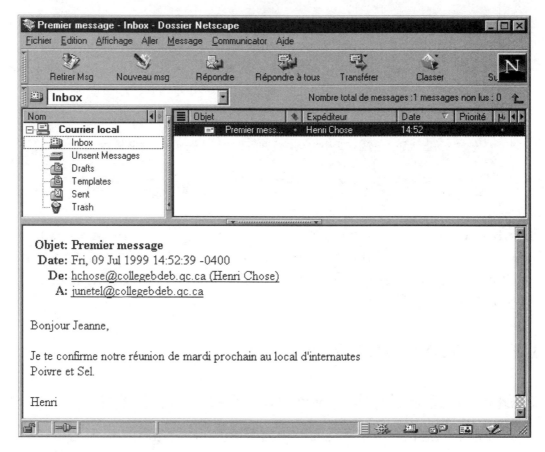

3. Sélectionnez le message que vous désirez lire. Son contenu apparaît dans la zone du bas de la fenêtre. Voir précédemment.

Comment créer un nouveau dossier?

1. Choisissez l'option **Nouveau dossier...** du menu **Fichier.**

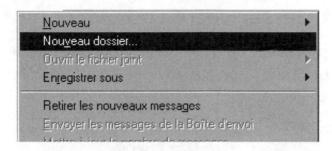

2. Inscrivez le nom de votre nouveau dossier dans la boîte de dialogue. Exemple: Poivre & Sel. Choisissez attentivement le dossier sous lequel vous désirez que votre nouveau dossier soit créé. Exemple: Courrier Local.

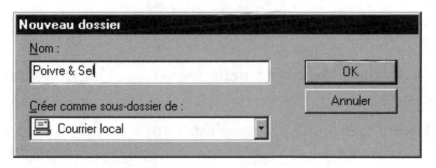

3. Cliquez sur   OK   pour confirmer.

4. Vous verrez apparaître votre dossier dans la liste.

Comment classer votre courrier?

1. À partir de la fenêtre d'un dossier (**Inbox**, **Sent**, **Trash**, etc.), cliquez sur le message que vous voulez transférer.

2. Cliquez sur . Vous verrez alors la liste des dossiers.

3. Sélectionnez le dossier dans lequel vous désirez classer ce message.

Remarque: Vous pouvez aussi classer vos messages en les glissant dans le dossier désiré. Sélectionnez le message à classer. En maintenant le bouton gauche de la souris enfoncé, glissez-le vers le dossier choisi.

Comment vider la corbeille?

1. Assurez-vous d'avoir au moins lu le courrier qui se trouve dans la corbeille. Le courrier non lu est identifié par un losange à la gauche du nom de l'expéditeur et une enveloppe avec une petite flèche pointant vers le bas à la gauche du contenu de l'option **Objet.**

2. Sélectionnez le courrier qui se trouve dans la corbeille pour le lire.

3. Transférez un message de la corbeille vers un autre dossier si vous ne voulez pas qu'il soit détruit (voir: **Comment classer votre courrier?**).

4. Choisissez l'option **Vider la Corbeille** dans le menu **Fichier.**

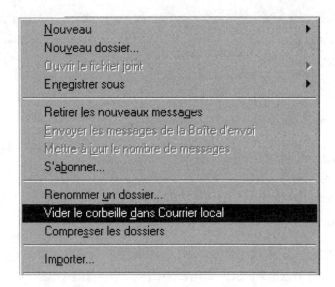

Comment ajouter votre signature à votre courrier?

1. Ouvrez le logiciel Wordpad.

2. Inscrivez votre signature.

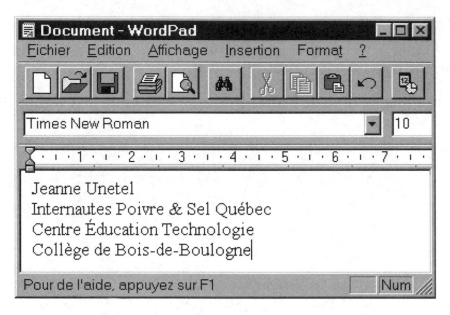

3. Choisissez l'option **Enregistrer** dans le menu **Fichier** pour sauvegarder.

4. Choisissez, dans la boîte de dialogue **Dans,** le répertoire dans lequel vous désirez sauvegarder votre signature.

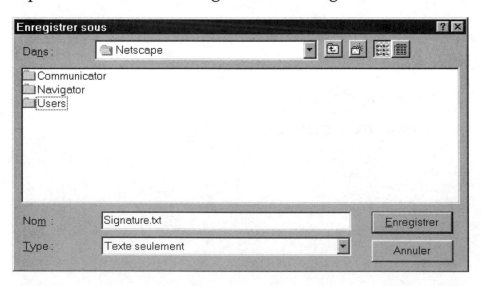

Exemple: **c:\ProgramFiles\Netscape**

5. Nommez votre fichier **Signature** dans la boîte **Nom**.

6. Choisissez **Texte seulement** dans la boîte **Type**.

7. Cliquez sur [Enregistrer].

LES FICHIERS JOINTS

Les fichiers joints dans le courrier Netscape

Il arrive fréquemment que l'internaute désire envoyer des photos, des textes ou des programmes par courrier électronique.

L'ennui, avec le courrier dans Internet, est qu'il est impossible d'envoyer des fichiers binaires directement; le fichier doit d'abord être encodé au format ASCII avant d'être attaché à votre courrier.

La procédure d'encodage a pour effet de transformer votre fichier binaire (photos, programmes, etc.) en fichier ASCII (caractères imprimables). Une fois à destination dans l'ordinateur de votre correspondant, ce même fichier encodé sera décodé de manière à retrouver sa forme originale.

Il existe plusieurs normes pour l'encodage de fichier binaire en fichier ASCII: cette tour de Babel des standards est une source de confusion sans fin... En 1992, l'*Internet Engineering Task Force* (IETF) a essayé de remédier au problème avec une nouvelle norme appelée MIME (*Multipurpose Internet Mail Extensions*) qui est maintenant acceptée par presque tous les programmes de courrier électronique.

Heureusement pour nous, toute cette pénible procédure d'enco-dage et de décodage est maintenant réduite au strict minimum grâce à l'interface très conviviale de Netscape 4.6.

Comment envoyer un message avec un fichier joint?

1. Ouvrez la fenêtre pour un nouveau message en cliquant sur [Nouveau msg] ou en tapant sur **Ctrl-M**, ou en choisissant l'option **Nouveau/Message** du menu **Fichier.**

2. Remplissez l'en-tête du message et rédigez votre texte.

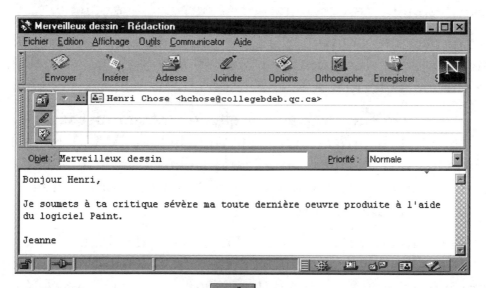

3. Cliquez maintenant sur [Joindre] pour enclencher la procédure qui vous permet de joindre un fichier à votre message. Vous obtiendrez:

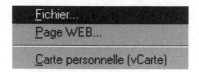

4. Cliquez sur **Fichier...**

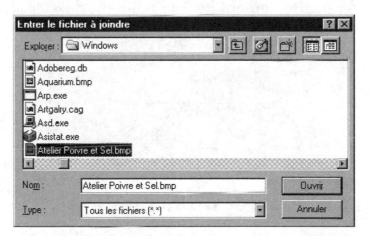

5. Sélectionnez votre fichier et cliquez sur **Ouvrir**.

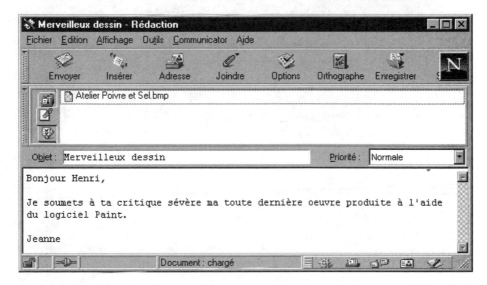

6. Le nom du fichier apparaît dans la zone de l'en-tête réservée aux fichiers joints.

7. Envoyez le message et le fichier joint en cliquant sur **Envoyer**. Vous verrez apparaître une échelle qui vous indiquera la

progression de l'envoi de votre message. Le temps d'envoi du message est directement lié à la taille du dossier attaché.

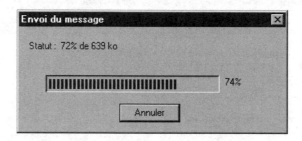

Comment récupérer un fichier joint?

1. Sélectionnez le message contenant le fichier joint.

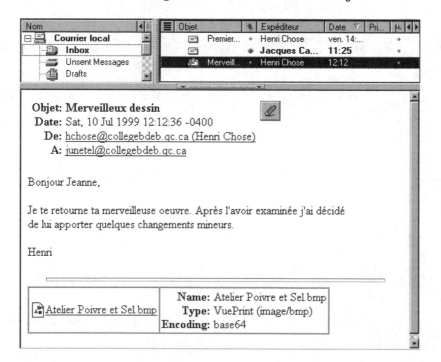

2. Cliquez sur le texte correspondant au nom du fichier joint (exemple: Atelier Poivre et Sel.bmp) qui apparaît comme un lien hypertexte. Vous obtiendrez alors l'écran suivant:

Vous pouvez choisir d'ouvrir immédiatement le fichier. Netscape choisira alors l'application requise, si elle est disponible. Vous pouvez aussi choisir d'enregistrer le fichier sur votre disque, ce que nous vous conseillons vivement! Vous pourrez alors le récupérer plus tard avec l'application de votre choix.

Après avoir attentivement lu le message de sécurité proposé par Netscape, et que le fichier vous a été envoyé par quelqu'un en qui vous avez confiance, sélectionnez l'option **L'enregistrer sur disque** et cliquez sur $\boxed{\text{OK}}$.

Attention! Assurez-vous de nouveau que le fichier reçu ne contient pas de virus en le faisant analyser par votre logiciel antivirus.

3. Choisissez le répertoire dans lequel vous désirez enregistrer votre fichier et cliquez sur **Enregistrer**.

INTERNET EXPLORER 5

L'écran d'entrée dans Internet Explorer 5

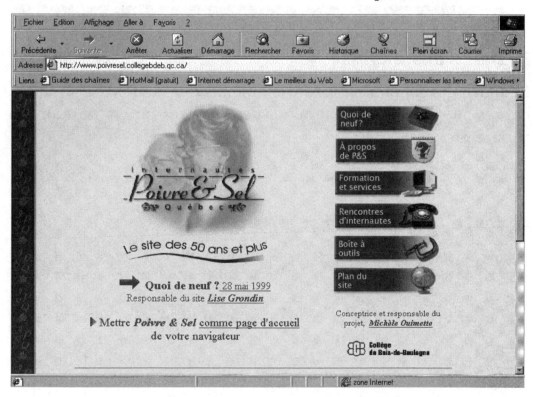

L'ensemble des barres d'Internet Explorer 5

La barre de titre

La barre de titre, comme son nom l'indique, affiche le nom de la page active dans Internet Explorer.

La barre des menus

La barre des menus comporte six menus déroulants. Nous aurons l'occasion, plus tard, d'examiner de plus près un certain nombre d'entre eux.

La barre des boutons standard

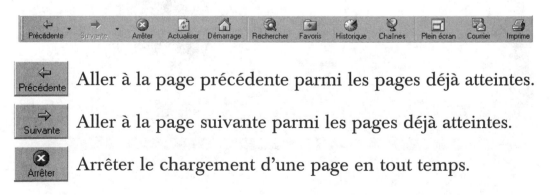

Aller à la page précédente parmi les pages déjà atteintes.

Aller à la page suivante parmi les pages déjà atteintes.

Arrêter le chargement d'une page en tout temps.

Recharger une page à partir du serveur.

 Recharger la page d'accueil.

 Atteindre un outil de recherche pour Internet.

 Permet l'affichage de la liste de vos sites favoris à la gauche de la fenêtre principale.

 Permet d'accéder à l'historique de votre navigation pour la journée ou les jours précédents.

 Active l'ouverture du logiciel de courrier pour lire vos messages, envoyer un nouveau message, envoyer un lien, envoyer la page que vous consultez ou accéder aux forums de discussion.

 Imprimer la page active. (Attention, une page Web peut représenter plusieurs pages sur papier.)

Le symbole de Windows

Le symbole de Windows qui apparaît à la droite de la barre des menus se transforme en globe qui tourne pendant le chargement d'une page Web.

La barre d'adresses

La fenêtre «Adresse» contient l'adresse exacte de la page Web active. Vous pouvez aussi écrire directement dans cette fenêtre l'adresse d'une page et cliquer sur 🔁OK ou faire **Retour** pour l'atteindre.

La barre des liens

Liens 🔁Guide des chaînes 🔁 HotMail (gratuit) 🔁 Internet démarrage 🔁 Le meilleur du Web 🔁 Microsoft 🔁 Personnaliser les liens 🔁 Windows ›

Le lien 🔁 Guide des chaînes vous permet d'atteindre le site WindowsMedia.com.

Le lien 🔁 Hotmail vous permet d'accéder au site MSN Hotmail. Un site vous donnant l'occasion d'utiliser un service gratuit de messagerie électronique.

Le lien 🔁 Internet démarrage vous permet d'atteindre la page principale de Microsoft Networks (MSN).

Le lien 🔁 Le meilleur du Web vous amène au répertoire de MSN où sont réunis un nombre incroyable de liens.

Le lien 🔁 Microsoft vous dirige vers le site de Microsoft France.

Le lien 🔁 Personnaliser les liens vous amène sur un site vous expliquant comment personnaliser la barre des liens.

Les chevrons » cachent la liste des liens qui ne peuvent être placés sur la barre des liens. Vous y trouvez les liens vous menant à la page de Windows chez Microsoft et à la page des mises à jour de Windows.

Nous reviendrons un peu plus tard à la personnalisation de la barre des liens.

La barre d'état

La barre d'état affiche des renseignements relatifs au chargement d'une page Web. La barre d'état indique aussi l'adresse d'un site dès que vous placez le **pointeur** sur un **lien hypertexte** de la page active. Celui-ci prend alors la forme d'une **main** prête à tourner la page.

Les barres de défilement

Lorsque le contenu d'une fenêtre dépasse les dimensions d'affichage de la fenêtre, vous verrez apparaître des barres de défilement. Vous pouvez alors visualiser le haut et le bas, la gauche et la droite d'une page en la déplaçant grâce à ces barres.

La barre de défilement horizontale

La barre de défilement verticale

Vous pouvez aussi utiliser les touches de déplacement du clavier et la barre d'espacement.

Comment masquer les barres d'outils?

1. Cliquez sur le menu **Affichage** de la barre des menus et choisissez l'option **Barres d'outils.**

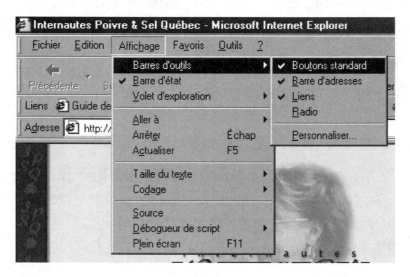

2. Cliquez sur l'option **Boutons standard.** Le crochet disparaît et la barre est alors masquée.

   Vous pouvez, de la même façon, masquer la **barre d'outils de navigation et d'adresse.** Pour faire réapparaître l'une ou l'autre des barres masquées, recommencez les deux étapes de l'opération.

Comment masquer la barre d'état?

1. Cliquez sur le menu **Affichage** de la barre des menus et cliquez sur l'option **Barre d'état**.

   Pour la faire réapparaître, recommencez l'étape 1.

Comment changer la page d'accueil?

1. Atteignez la page d'accueil du site **Internautes Poivre & Sel Québec** en utilisant vos signets ou en tapant **www. poivresel.collegebdeb.qc.ca** dans la barre d'adresses.

2. Choisissez l'option **Options Internet...** du menu **Outils.**

3. Sélectionnez l'onglet **Général.**

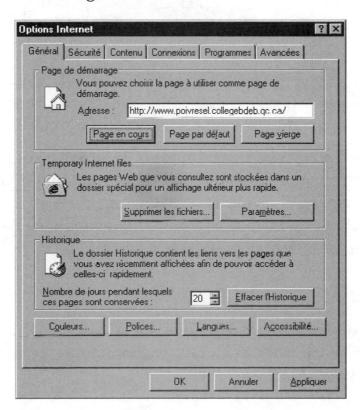

4. Cliquez sur le bouton Page en cours si vous avez atteint la page d'Internautes Poivre & Sel Québec. Sinon, inscrivez, dans la section **Page de démarrage,** l'adresse de la page d'accueil que vous désirez utiliser, par exemple:

www.poivresel.collegebdeb.qc.ca

5. Cliquez sur le bouton OK pour revenir à l'écran principal d'Internet Explorer.

Le bouton Démarrage vous permettra maintenant de charger la nouvelle page d'accueil en tout temps, et à l'avenir cette page apparaîtra automatiquement au démarrage d'Internet Explorer 5.

Avant d'aller plus loin dans l'étude d'Internet Explorer 5, nous vous proposons maintenant votre premier voyage dans le cyberespace d'Internet. Nous utiliserons les pages des *Internautes Poivre & Sel Québec* pour vous présenter les éléments qu'il est essentiel de connaître et de maîtriser pour bien naviguer.

LES LIENS HYPERTEXTES

Pour pouvoir naviguer facilement d'une page à l'autre dans le grand livre qu'est Internet, il faut se familiariser avec le repérage des liens hypertextes. Les liens peuvent prendre des formes différentes. Il s'agit de texte habituellement souligné ou d'images qui cachent d'autres textes, ou encore d'images qui seront téléchargés lorsque vous cliquerez dessus. Les liens hypertextes sont très faciles à trouver. En déplaçant le curseur sur la page, s'il se transforme en main, c'est que vous venez de passer sur un lien hypertexte. Il suffit alors de cliquer avec le bouton gauche de la souris pour atteindre la page vers laquelle pointe le lien. Voici quelques exemples de liens dans la page d'accueil des **Internautes Poivre & Sel Québec.**

Remarque: Dans un premier temps, contentez-vous de déplacer le curseur sur les différents éléments de la page sans cliquer, simplement pour repérer le lien.

Le texte souligné

Placez le curseur sur  .

Les icônes

Placez le curseur sur  .

Les images

Placez le curseur sur l'image du Guide Internet.

Comment obtenir de l'information sur Poivre & Sel?

1. Cliquez sur pour obtenir:

2. Prenez le temps de consulter quelques-uns des liens. Vous trouverez toutes les informations pertinentes sur le site des *Internautes Poivre & Sel Québec.*

Comment revenir en arrière sur le site de PSQ?

1. Appuyez sur ⬆, pour revenir dans le haut de la page courante dans le site.

2. Cliquez sur ⬡, pour revenir à la page d'entrée du site.

3. Utilisez les liens soulignés apparaissant sous la barre du haut de la page, pour passer d'une page à l'autre.

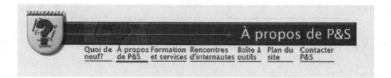

4. Utilisez le bouton  de la barre des boutons pour revenir vers les pages déjà atteintes.

Comment connaître nos membres associés?

1. Cliquez sur 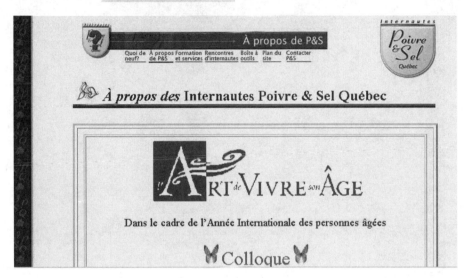 pour obtenir:

2. Faites dérouler la page puis cliquez sur  pour atteindre la page suivante.

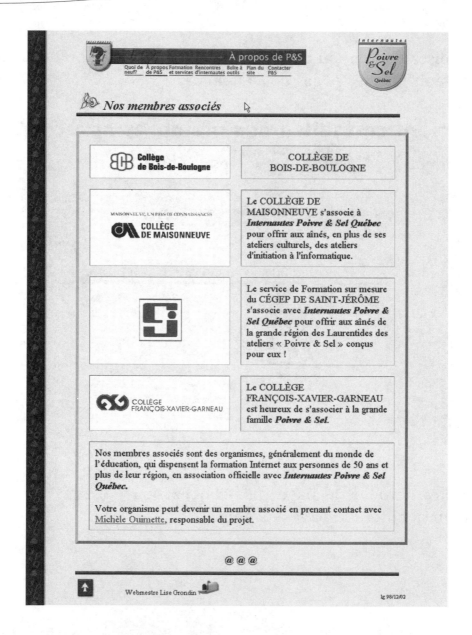

Comment connaître le plan du site PSQ?

1. Cliquez sur **Plan du site** 👆 🌐 pour obtenir:

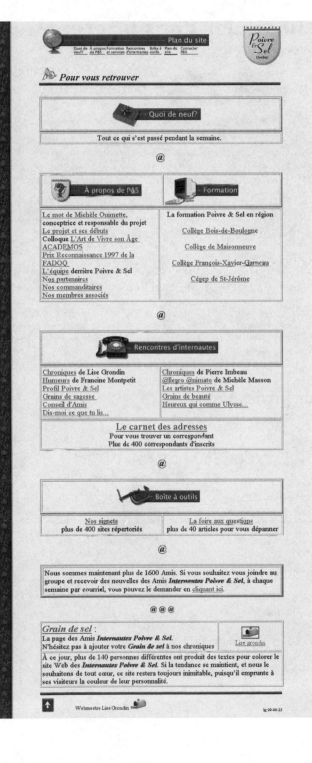

Comment naviguer dans Internet avec Poivre & Sel?

1. Cliquez sur  pour obtenir:

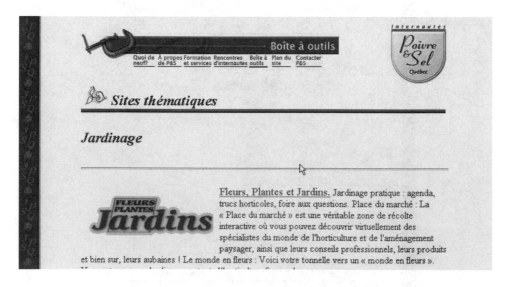

2. Cliquez sur **Jardinage.**

3. Faites dérouler la page pour trouver le lien hypertexte **La page de Laurent Deschamps.**

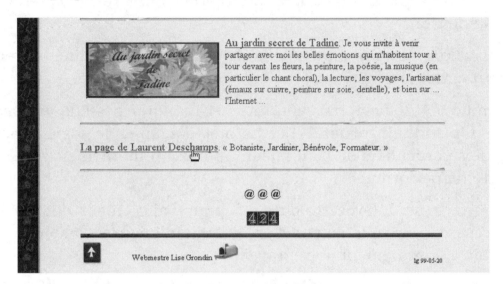

4. Cliquez maintenant sur **La page de Laurent Deschamps** et vous pourrez ainsi visiter le magnifique site conçu par l'un des formateurs d'*Internautes Poivre & Sel Québec.*

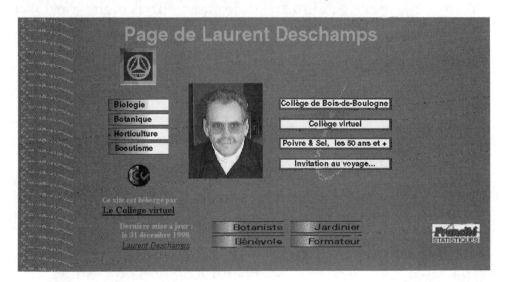

LES OPTIONS

La section **Options Internet...** d'Internet Explorer vous semble mystérieuse?

Nous allons en faire un tour d'horizon pour la démystifier et rendre Internet Explorer encore plus convivial.

Comme tout logiciel puissant, Internet Explorer possède une section **Options Internet...** qui permet d'adapter le logiciel aux besoins particuliers de l'utilisateur, optimisant du même coup son degré de performance.

L'interface de Internet Explorer 5 pour l'ajustement des préférences est construite autour d'un système d'onglets. Celui-ci facilite ainsi énormément notre travail.

Accessible par le menu **Outils/Options Internet,** l'interface se dévoile devant nous.

Les **Options Internet** sont regroupées en six catégories qui peuvent être facilement atteintes en cliquant sur l'onglet de la catégorie désirée.

Général: Contrôle la page d'accueil, l'historique et les différents aspects de l'affichage: police de caractères, couleurs, langues.

Sécurité: Permet de personnaliser le niveau de sécurité des différentes zones d'Internet Explorer.

Contenu: Cette section permet de restreindre l'affichage de certains sites. Vous pouvez aussi y entrer vos informations personnelles.

Connexions: Permet d'entrer les informations de connexion au réseau Internet.

Programmes: Définit les programmes qui seront utilisés par Windows pour les différents services Internet.

Avancées: Permet de configurer les paramètres de navigation. Nous vous suggérons de garder les paramètres par défaut.

Comment modifier l'affichage?

1. Choisissez l'option **Options Internet...** du menu **Outils.**

2. Sélectionnez l'onglet **Général.**

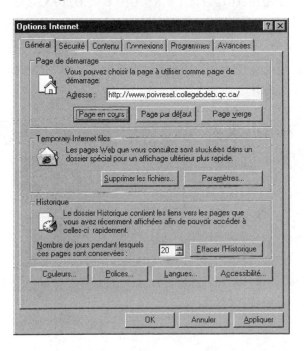

3. Cliquez sur le bouton [Polices...] si vous désirez changer la police de caractères qui sera utilisée pour l'affichage des pages Web et des documents qui n'ont pas de polices définies.

4. Cliquez maintenant sur [Couleurs...] si vous voulez modifier la couleur de l'affichage des liens hypertextes. Cliquez sur le bouton de la couleur que vous souhaitez modifier et choisissez la couleur qui vous plaît. Il est évidemment préférable de choisir des couleurs différentes pour marquer les liens visités et ceux non visités.

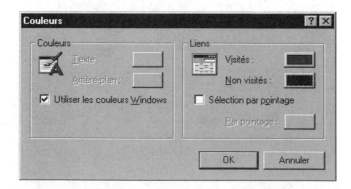

Comment personnaliser Internet Explorer?

1. Choisissez l'option **Options Internet...** du menu **Outils.**

2. Cliquez sur l'onglet **Contenu.**

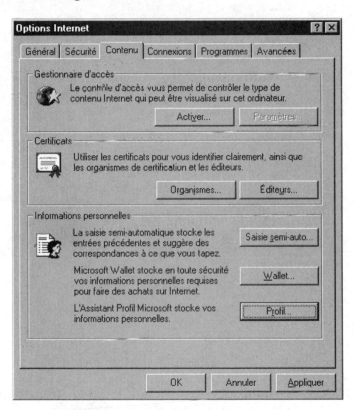

3. Cliquez sur [Profil...] dans **Informations personnelles.**

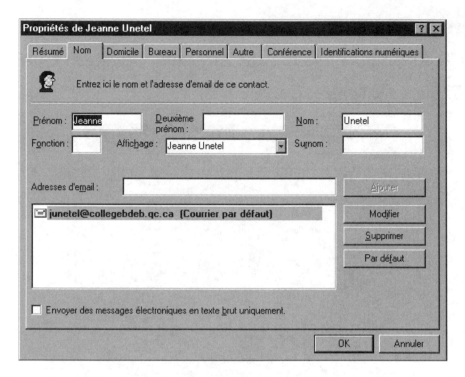

4. Remplissez les boîtes de dialogue **Prénom** et **Nom.** Indiquez votre adresse de courrier électronique dans la boîte Adresses d'email.

Par exemple: **junetel@collegebdeb.qc.ca**

Cette adresse comprend votre nom d'usager (**junetel**) suivi de @ et du nom de votre serveur de courrier. Il s'agit souvent du nom de votre fournisseur de services Internet (**collegebdeb.qc.ca**).

Vous pouvez aussi entrer une foule de renseignements personnels en cliquant sur les autres onglets de cette page.

Comment créer une nouvelle connexion?

1. Cliquez sur l'onglet **Connexions.**

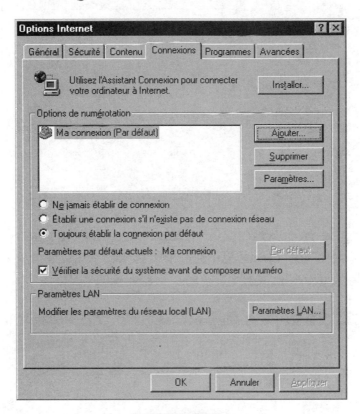

2. Cliquez sur le bouton ![Ajouter...].

3. Inscrivez le nom que vous désirez donner à votre connexion. Si vous êtes un client du **Collège Virtuel,** vous pouvez inscrire Collège Virtuel. Cliquez sur `Suivant >`.

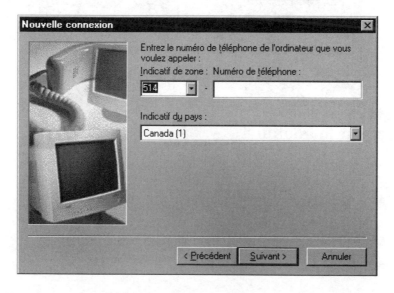

4. Entrez le numéro de téléphone de l'ordinateur que vous dési-
    rez joindre. Ce numéro vous sera fourni par votre fournisseur
    de services Internet. Cliquez sur Suivant > .

5. Cliquez sur Terminer .

Comment choisir votre logiciel de courrier?

Si vous avez plusieurs logiciels de courrier différents installés
sur votre ordinateur, vous pouvez sélectionner celui qui sera
lancé lorsque vous cliquerez sur le bouton Courrier de la barre
de boutons standard.

1. Sélectionnez l'onglet **Programmes** des **Options Internet** du
    menu **Outils.**

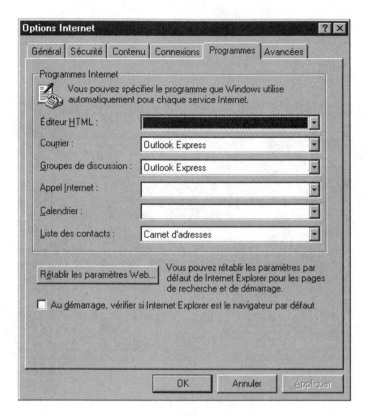

2. Sélectionnez **Outlook Express** parmi les logiciels de courrier proposés.

3. Cliquez sur [OK] pour enregistrer vos changements. Internet Explorer 5 est maintenant personnalisé.

Comment effectuer une recherche rapide dans Internet Explorer?

1. Tapez le ou les mots clés pour votre recherche directement dans la barre d'adresse. Par exemple: **golf.**

Vous obtenez la page des résultats suivante.

2. Choisissez l'**Amérique du Nord** pour modifier la région de votre recherche.

3. Déroulez la liste des langues proposées pour choisir une autre langue pour votre recherche.

4. Cliquez sur Rechercher .

Résultats: contenant **'golf'** - 4315   **1 - 20**

<< Précédent   Suivant >>

1. **Destination golf**
    http://www.destinationgolf.com/
    Destinationgolf de Bell Canada vous révélera les multiples facettes du golf au Québec: terrain,
    parcours, normale, tournois, conseils du professionnel, école, leçon, forfait, hôtel. Destinationgolf of
    Bel

2. **VOYAGEZ! - Golf**
    http://www.voyagez.com/html/Voyagez_Golf.html
    Golf

3. **BOUGEZ.COM - VOYAGES - Golf**
    http://www.bougez.com/voyages/golf.htm
    Voyages:Golf Carrefour.net: Golf Répertoire de sites francophones concernant le golf en France, au
    Canada, en Belgique et en Suisse. Destination Golf Répertoire de terrains de golf au Québec avec
    moteur de recherche. Conseils techniques d'un..

4. **Le BIARRITZ GOLF PASS, jouez sur 5 parcours de golf du Pays Basque et des Landes, sud
    ouest France**
    http://www.touradour.com/golf/golfpassfr.htm
    Le BIARRITZ GOLF PASS, jouez sur 5 parcours du Pays Basque et des Landes dans le sud ouest
    de la France à un tarif spécial: green fees, parcours, photos et information

5. **Golf**
    http://recherche.toile.qc.ca/quebec/qc_ps_08_sports_golf.htm
    Hébergement : Mlink Internet Chercher : dans La Toile du Québec dans la catégorie Commerces et
    économie Commerces et économie: Produits et services: Sports et loisirs: Sports: Golf Clubs de

Comment utiliser le bouton Rechercher?

1. Cliquez sur Rechercher pour obtenir la fenêtre de recherche
    d'Internet Explorer 5.

Par défaut, Internet Explorer 5 vous offre de rechercher parmi les pages Web du Canada. Vous pouvez évidemment choisir une autre région ou une autre langue comme nous l'avons fait précédemment.

2. Tapez **Poivre & sel** dans la boîte de dialogue et cliquez sur Rechercher .

Les résultats de la recherche apparaissent en groupe de dix en bas des boîtes de dialogue.

3. Cochez la case **Afficher les résumés des résultats.**

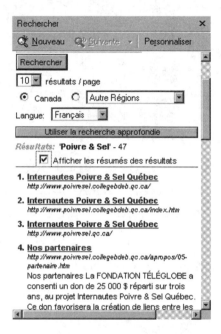

4. Sélectionnez un des liens hypertextes obtenus pour que la page s'affiche dans la partie droite de votre écran.

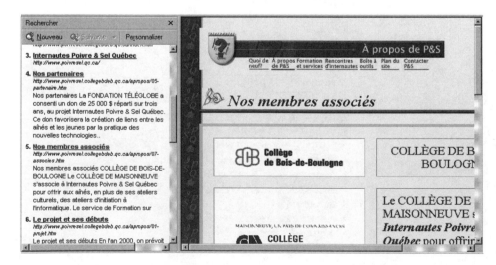

5. Cliquez à nouveau sur le bouton [Rechercher] pour que la page choisie s'affiche sur la pleine largeur de l'écran.

Le bouton [Rechercher] est en fait une bascule qui permet d'ouvrir et de fermer la fenêtre de recherche à volonté.

Comment faire une autre recherche?

1. Cliquez sur [Rechercher] pour faire apparaître la fenêtre de recherche.

2. Cliquez sur [Nouveau] de la fenêtre de recherche.

Comment personnaliser les paramètres de recherche?

1. Cliquez sur 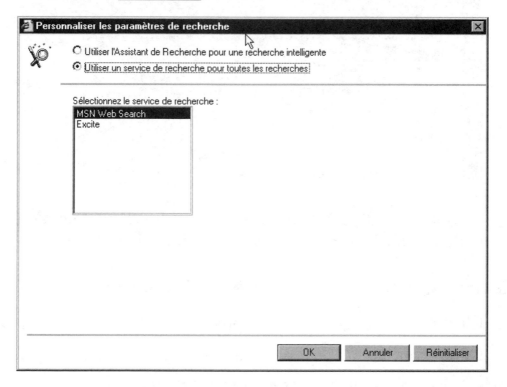 pour faire apparaître la fenêtre de recherche.

2. Cliquez sur **Personnaliser** dans la fenêtre de recherche.

3. Cliquez sur **Utiliser l'Assistant de Recherche pour une recherche intelligente.**

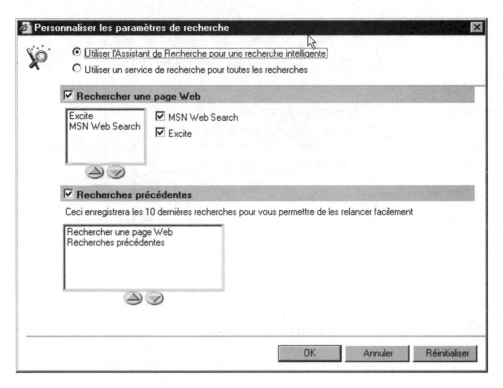

Vous aurez ainsi accès à deux outils pour votre recherche **MSN Web Search** et **Excite.** Vous pourrez aussi accéder à toutes les recherches que vous avez déjà effectuées.

Comment accéder aux recherches précédentes?

1. Configurez les paramètres de recherche comme nous venons de le voir.

2. Cliquez sur ![Nouveau].

3. Sélectionnez **Recherches précédentes.**

Vous aurez alors la liste de toutes vos recherches. Il vous suffit de choisir la recherche désirée.

Comment basculer d'un outil à l'autre?

1. Effectuez d'abord une recherche comme nous l'avons indiqué précédemment. Par exemple: **tennis.**

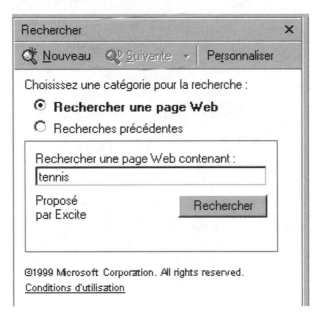

2. Cliquez sur Rechercher .

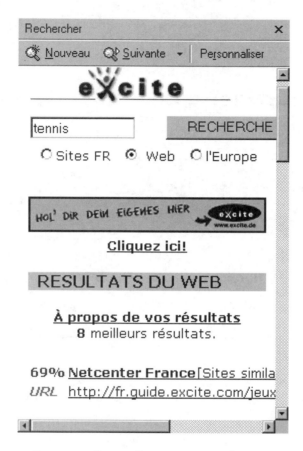

Vous obtenez les résultats fournis par le moteur de recherche **Excite.**

3. Déroulez le menu du bouton **Suivante** pour basculer d'**Excite** à **MSN Web Search.**

4. Cliquez sur **MSN Web Search**.

Vous avez maintenant les résultats fournis par MSN Web Search.

Remarque: Il n'est pas nécessaire d'utiliser les outils de recherche d'Internet Explorer 5 pour effectuer vos recherches dans Internet. Il existe en effet de nombreux outils de recherche sur le Web. Pour de plus amples renseignements sur le fonctionnement des outils de recherche, passez à la section concernant les moteurs de recherche La Toile du Québec, Yahoo! France, et AltaVista.

LES FAVORIS DANS INTERNET EXPLORER 5

Que sont les favoris?

Les favoris sont un ensemble de raccourcis qui vous permettent de joindre rapidement vos pages Web favorites. Vous pouvez regrouper ces raccourcis dans des dossiers facilement accessibles par le menu **Favoris.**

Comment ajouter une page Web à vos favoris?

Première façon

1. Atteignez d'abord la page que vous désirez ajouter à vos favoris. Par exemple: **www.poivresel.collegebdeb.qc.ca**

2. Sélectionnez l'option **Ajouter aux favoris...** dans le menu **Favoris.**

Vous obtenez alors la fenêtre suivante.

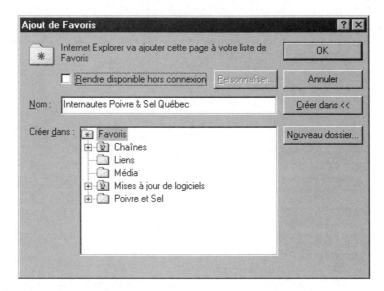

3. Cliquez sur | OK |.

4. Ouvrez le menu **Favoris** pour vérifier que le raccourci vers le site d'Internautes Poivre & Sel Québec est maintenant ajouté à la liste de vos favoris.

Deuxième façon

1. Atteignez d'abord la page que vous désirez ajouter à vos favoris. Par exemple: **www.poivresel.collegebdeb.qc.ca**

2. Assurez-vous que le curseur ne se trouve pas sur un lien hypertexte de la page atteinte et cliquez sur le bouton droit de la souris pour accéder au menu contextuel suivant.

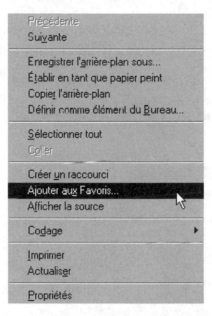

3. Choisissez l'option **Ajouter aux favoris...** avec le bouton gauche de la souris pour obtenir la fenêtre suivante.

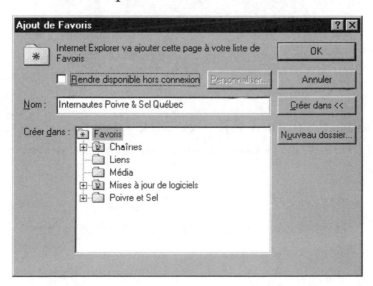

4. Cliquez sur [OK].

Troisième façon

1. Atteignez d'abord la page que vous désirez ajouter à vos favoris. Par exemple: **www.poivresel.collegebdeb.qc.ca**

2. Placez le curseur sur le lien hypertexte .

3. Cliquez sur le bouton droit de la souris pour ouvrir le menu contextuel.

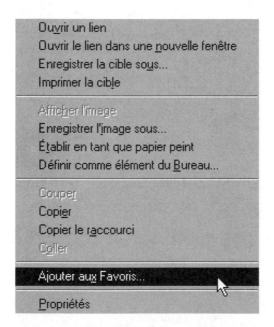

4. Sélectionnez l'option **Ajouter aux Favoris...** avec le bouton gauche de la souris pour obtenir la fenêtre suivante.

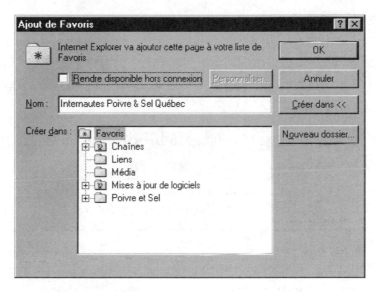

5. Cliquez sur   OK   .

6. Ouvrez le menu **Favoris** pour vérifier que le raccourci vers le site d'Internautes Poivre & Sel Québec est maintenant ajouté à la liste de vos favoris.

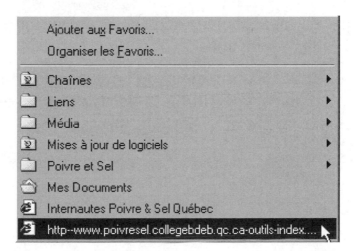

Vous remarquez que le nom de ce nouveau raccourci n'est pas très significatif. Nous allons remédier à cette situation dans la section suivante.

147

Quatrième façon

1. Atteignez la page d'entrée du site principal du Collège de Bois-de-Boulogne en tapant **www.collegebdeb.qc.ca** dans la barre d'adresse.

2. Placez le curseur ⬚ à la gauche de l'adresse du site sur la barre d'adresse.

3. Maintenez le bouton gauche de la souris enfoncé et glissez le curseur sur le menu **Favoris**.

    Remarquez le changement dans la forme du curseur à cette étape et à l'étape suivante.

4. Glissez, en maintenant toujours le bouton gauche de la souris enfoncé, le curseur à l'endroit de la liste des favoris où vous désirez insérer votre nouveau raccourci.

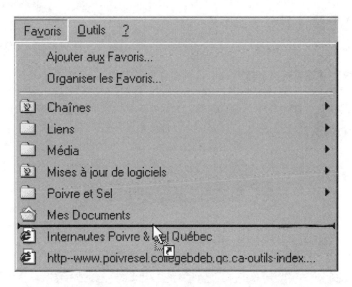

5.   Relâchez le bouton de la souris.

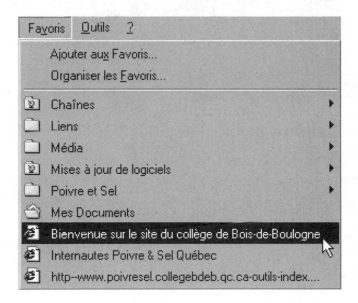

ORGANISER LES FAVORIS

Comment renommer un raccourci?

1. Déroulez le menu **Favoris** et choisissez l'option **Organiser les Favoris...**

Vous obtenez alors la fenêtre suivante.

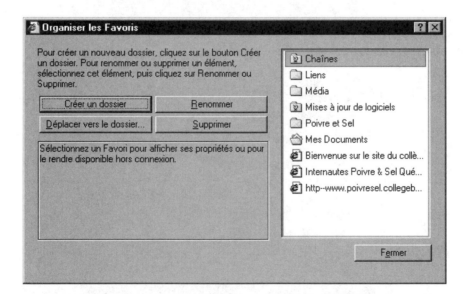

2. Sélectionnez le raccourci **http://www.poivresel.collegebdeb. qc.ca/outils/index.htm.**

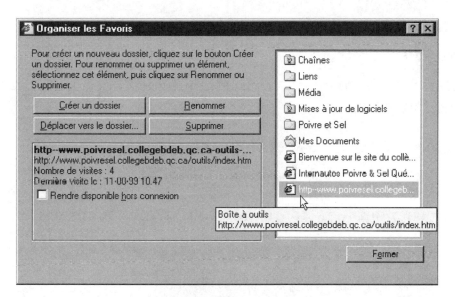

3.   Cliquez sur [Renommer] et tapez **Boîte à outils,** puis appuyez sur la touche **Entrée.**

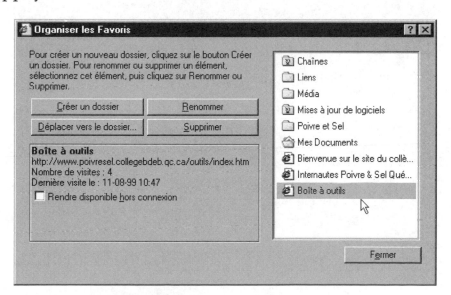

4.   Cliquez sur [Fermer].

Comment supprimer un raccourci ou un dossier?

1. Déroulez le menu **Favoris** et choisissez l'option **Organiser les Favoris...**

2. Sélectionnez le raccourci que vous désirez supprimer.

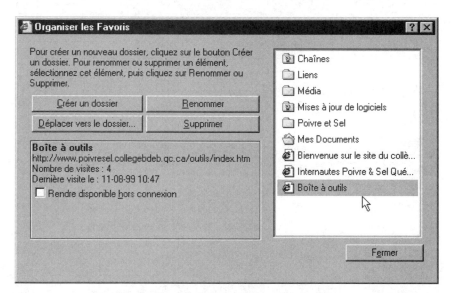

3. Cliquez sur [Supprimer] et ensuite sur [Fermer].

Comment créer un dossier?

Pour mieux organiser vos favoris, il faut d'abord créer un certain nombre de dossiers et ensuite regrouper les sites de même nature dans le dossier approprié.

1. Déroulez le menu **Favoris** et choisissez l'option **Organiser les Favoris...**

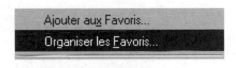

2. Cliquez sur   <u>C</u>réer un dossier   .

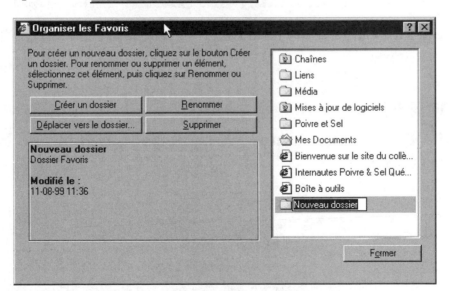

3. Tapez **Collège de Bois-de-Boulogne** et appuyez sur la touche **Entrée** à la place de **Nouveau dossier.**

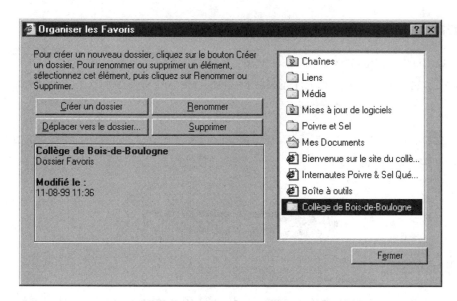

Ne fermez pas cette fenêtre: nous allons maintenant classer vos favoris.

Comment classer vos favoris?

1. Sélectionnez **Internautes Poivre & Sel Québec** dans la liste des favoris.

2. Cliquez sur [Déplacer vers le dossier...] et choisissez le dossier **Collège de Bois-de-Boulogne** comme dossier vers lequel vous désirez effectuer le déplacement.

Vous pouvez aussi réaliser le déplacement en glissant le favori sélectionné sur le dossier **Collège de Bois-de-Boulogne** en maintenant le bouton gauche de la souris enfoncé.

3. Cliquez sur [OK] pour obtenir la liste de favoris modifiée.

4. Recommencez les mêmes étapes pour classer vos autres favoris puis cliquez sur [Fermer].

5. Déroulez le menu **Favoris** pour constater les changements.

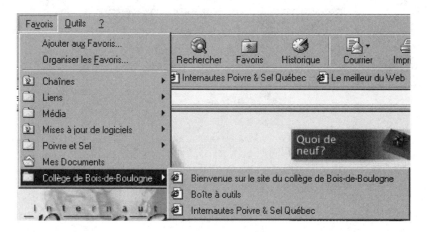

Comment exporter un dossier de favoris?

1. Déroulez le menu **Fichier.**

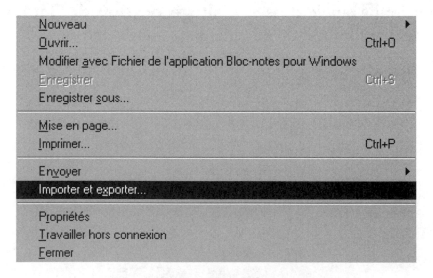

2. Sélectionnez l'option **Importer et exporter.**

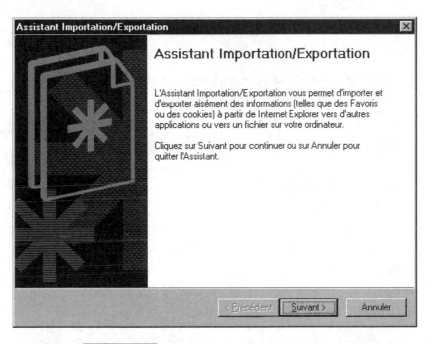

3. Cliquez sur [Suivant >].

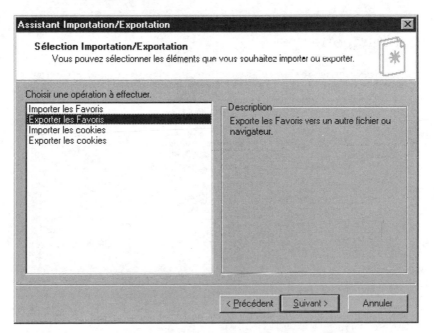

4. Sélectionnez **Exporter les Favoris** comme l'opération à effectuer et cliquez sur $\boxed{\text{Suivant >}}$.

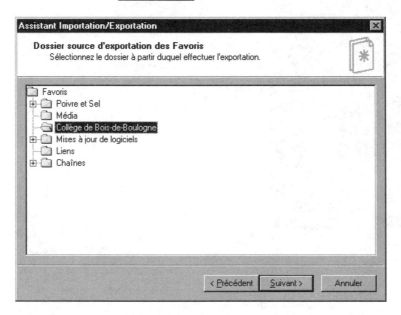

5. Sélectionnez le dossier **Collège de Bois-de-Boulogne** comme dossier à exporter.

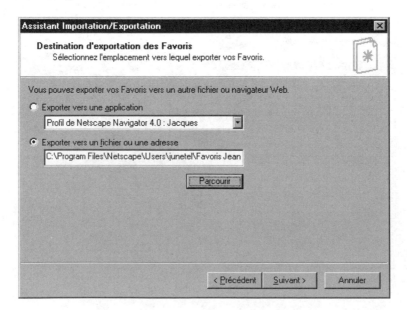

6. Cliquez sur [Parcourir] pour sélectionner le répertoire dans lequel vous désirez exporter votre fichier. Nommez-le. Par exemple: **Favoris de Jeanne Unetel.** Vous créerez ainsi un fichier de type HTML.

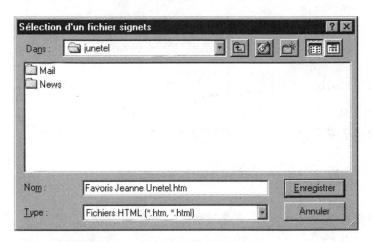

7. Cliquez sur [Enregistrer].

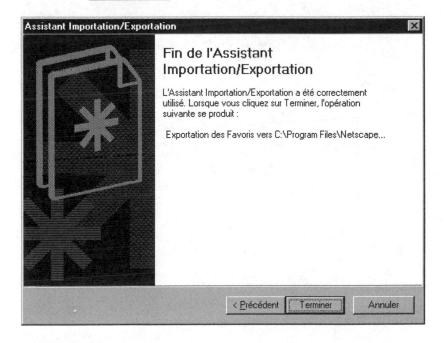

8.   Cliquez sur Terminer.

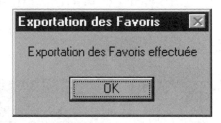

9.   Cliquez enfin sur OK.

Comment afficher un dossier exporté?

1.   Déroulez le menu **Fichier.**

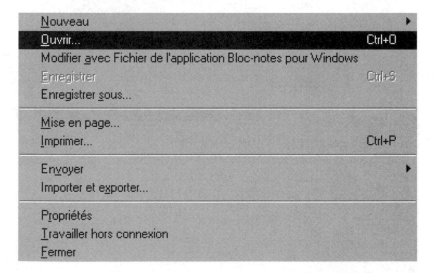

2.   Choisissez l'option **Ouvrir.**

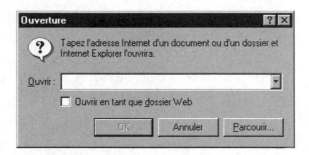

3. Cliquez sur [Parcourir] et sélectionnez le fichier HTML que
vous désirez ouvrir. Par exemple: **Favoris de Jeanne Unetel.
htm.**

4. Cliquez sur [Ouvrir].

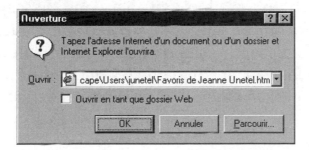

5. Cliquez sur [OK]. Vous obtiendrez alors une page Web dans laquelle les liens hypertextes sont actifs.

Cette page Web pourrait vous servir de page de démarrage par défaut dans Internet Explorer 5 si vous y avez inscrit les liens vers les sites que vous visitez le plus fréquemment. Vous pouvez aussi envoyer cette page à votre meilleur ami à l'aide du courrier électronique.

Comment envoyer un dossier de favoris par courrier?

1. Exportez votre dossier vers un fichier HTML. Voir la procédure précédente.

2. Ouvrez votre logiciel de courrier électronique.

3. Rédigez un nouveau message.

4. Ajoutez votre fichier en fichiers joints à votre message. Consultez la section consacrée aux fichiers joints dans le chapitre concernant le courrier électronique.

5. Envoyez votre message. Lorsque votre ami le recevra, il obtiendra en même temps votre fichier. Il lui suffira de le récupérer. Il pourra alors l'afficher dans Netscape en utilisant l'option **Consulter une page...** du menu **Fichier** ou dans Internet Explorer 5 en utilisant l'option **Ouvrir** du menu **Fichier.** Tous les liens hypertextes que vous lui avez fait parvenir sont immédiatement disponibles et actifs.

Comment utiliser la fenêtre Favoris?

1. Cliquez sur [Favoris] pour ouvrir la fenêtre **Favoris**.

2. Cliquez sur le dossier **Collège de Bois-de-Boulogne** pour l'ouvrir.

3. Sélectionnez le favori Bienvenue sur le site du Collège... pour l'afficher dans la partie droite de l'écran.

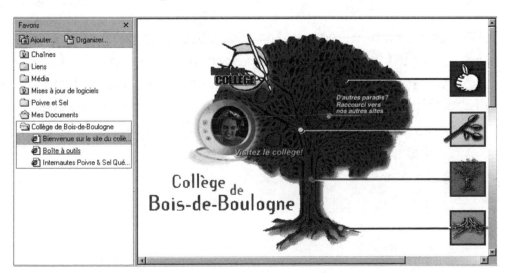

Vous pouvez refermer la fenêtre en cliquant à nouveau sur ☐ Favoris ou en cliquant ☒ dans la fenêtre Favoris.

Lorsque la fenêtre Favoris est ouverte, vous pouvez ajouter un site à vos favoris directement en utilisant le bouton ☐ Ajouter... et vous pouvez aussi organiser vos favoris en cliquant sur ☐ Organiser... . Nous avons déjà montré ces opérations dans des sections précédentes à l'aide du menu **Favoris.**

Le classement des favoris dans les différents dossiers peut être effectué par simple glissement. Cette procédure est beaucoup plus rapide que celle qui utilise le bouton ☐ Déplacer vers le dossier... . Avec un peu de pratique, vous opterez pour la méthode qui vous convient le mieux.

Comment ajouter un favori à la barre d'outils Liens?

1. Cliquez sur ☐ Favoris pour ouvrir la fenêtre Favoris.

2. Ouvrez le dossier **Collège de Bois-de-Boulogne** d'un simple clic sur le dossier.

3. Sélectionnez le raccourci **Internautes Poivre & Sel Québec** du dossier **Collège...** et glissez-le dans le dossier **Liens** en maintenant le bouton gauche de la souris enfoncé. Une fois le curseur placé sur le dossier **Liens,** celui-ci s'ouvrira et vous pourrez laisser tomber votre raccourci à l'endroit désiré.

La barre **Liens** contient maintenant le raccourci vers **Internautes Poivre & Sel Québec** qui devient ainsi accessible grâce à un simple clic de la souris.

OUTLOOK EXPRESS 5

Comment ouvrir le courrier?

Cliquez sur l'icône 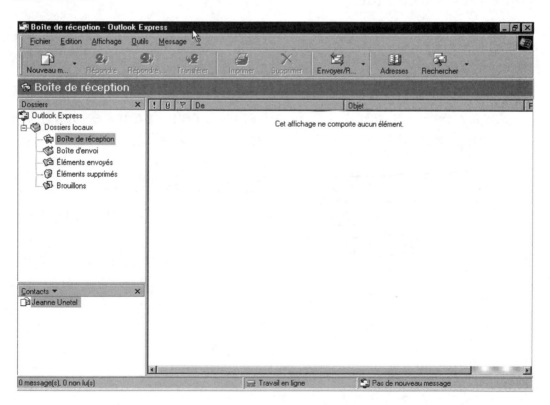 qui apparaît sur le bureau ou sur la barre des tâches.

L'écran du courrier Netscape se divise en trois régions pour l'affichage.

À gauche en haut, l'affichage de la liste des dossiers.

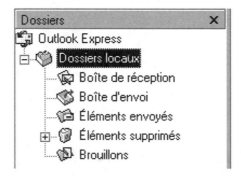

À droite, l'affichage de la liste des messages contenus dans le dossier sélectionné.

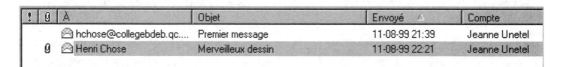

À gauche en bas, la liste des adresses électroniques et des listes de diffusion qui figurent dans votre carnet d'adresses.

La barre d'outils

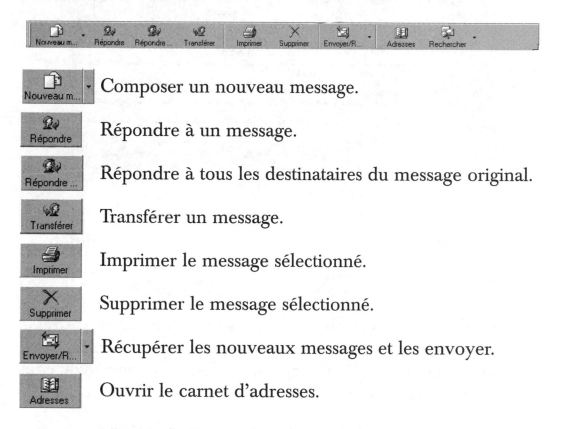

Composer un nouveau message.

Répondre à un message.

Répondre à tous les destinataires du message original.

Transférer un message.

Imprimer le message sélectionné.

Supprimer le message sélectionné.

Récupérer les nouveaux messages et les envoyer.

Ouvrir le carnet d'adresses.

Comment envoyer un message?

1. Ouvrez la fenêtre pour envoyer un nouveau message en cliquant sur ![ ] ou en choisissant l'option **Nouveau/Message** de courrier du menu **Fichier,** ou en choisissant l'option **Nouveau message** dans le menu **Message,** ou encore en tapant **Ctrl+N**; vous obtiendrez alors:

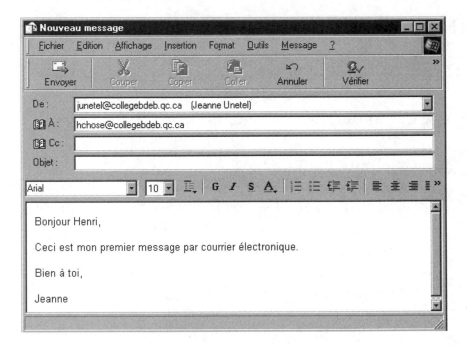

2. Remplissez l'en-tête du message. Vous devez taper l'adresse électronique de votre correspondant. Cliquez dans la zone **Objet** et écrivez quelques mots pour donner un indice du contenu de votre message. Pour obtenir le @, utilisez **AltCar+2.**

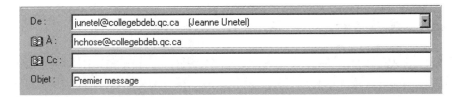

3. Rédigez votre message.

4. Envoyez votre message en cliquant sur [Envoyer] .

5. Après l'envoi, votre message est conservé dans le dossier **Éléments envoyés.** Vous pouvez ainsi consulter le courrier que vous avez envoyé en sélectionnant le dossier **Éléments envoyés** et en cliquant sur le message désiré.

   Attention! Si vous avez commis une erreur dans l'adresse de votre correspondant, vous recevrez un message du maître de poste électronique. Lisez attentivement ce message. Vous pourrez alors savoir l'erreur qui a été commise et ainsi la corriger.

   Si, par exemple, vous n'avez pas noté correctement l'adresse sur le message: ouvrez le dossier **Éléments envoyés**, puis le message initial, corrigez l'adresse et renvoyez le message en cliquant sur [Envoyer] .

   Si l'adresse que vous avez notée l'a été correctement, elle est peut-être mauvaise. Téléphonez à votre correspondant pour lui demander à nouveau son adresse électronique.

Comment savoir si j'ai du courrier?

Vous pouvez, en tout temps pendant votre session de travail, vérifier si vous avez reçu du courrier en tapant **Ctrl-M,** en choisissant l'option **Envoyer et recevoir/Envoyer et recevoir tout** dans le menu **Outils,** ou encore en cliquant sur le bouton [Nouveau m...] .

Comment lire un message?

1. Sélectionnez, dans la liste des dossiers, celui dans lequel se trouve le message que vous désirez lire. Il s'agit du dossier **Boîte de réception** pour les nouveaux messages.

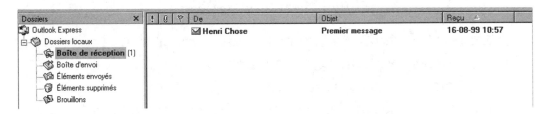

2. Double-cliquez sur le message que vous désirez lire.

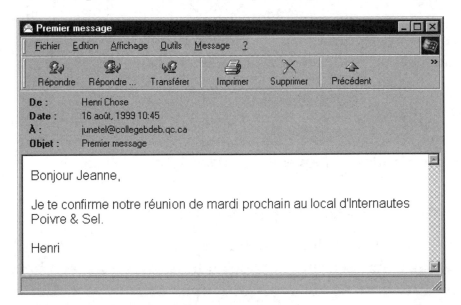

Comment répondre à un message?

1. Sélectionnez le message et cliquez sur ⟨Répondre⟩.

2. Remarquez que l'en-tête du message est déjà rempli.

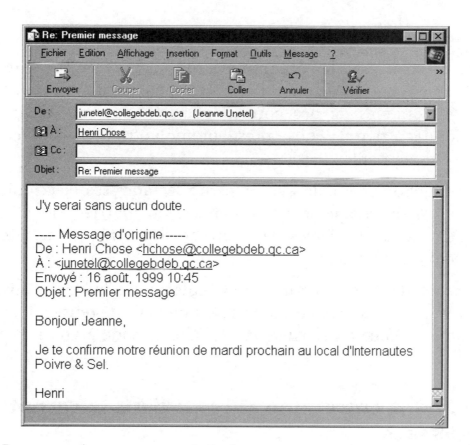

Le texte du message original apparaît automatiquement dans votre message réponse. Vous pouvez laisser ce texte ou, si ce n'est pas utile, le sélectionner et appuyer sur la touche **Supp,** la touche d'effacement-suppression.

Le curseur est placé avant le message original. Il vous suffit de rédiger votre réponse. Dans le cas d'un message particulièrement long, vous pouvez diviser votre réponse à l'intérieur du message.

3. Envoyez votre réponse en cliquant sur le bouton .

Remarque: Il n'est pas nécessaire de conserver le message original dans votre réponse.

LE CARNET D'ADRESSES

Dans presque tous les programmes de courrier électronique, il existe une fonction «Carnet d'adresses» pour conserver les adresses électroniques de nos correspondants. Ce carnet d'adresses fonctionne, à peu de chose près, comme notre bon vieux carnet d'adresses en papier...

Cette fonction très utile évite d'écrire les adresses électroniques manuellement chaque fois qu'on envoie du courrier, elle élimine du même coup les fautes de frappe toujours fréquentes. Fin du cauchemar syntaxique...

Le carnet d'adresses permet non seulement d'inscrire l'adresse électronique, mais aussi de conserver une foule de renseignements personnels. Vous aurez ainsi un véritable agenda à votre disposition.

Comment entrer une adresse dans le carnet d'adresses?

1. Choisissez l'option **Carnet d'adresses** (**Ctrl+Maj+B**) dans le menu **Outils** ou cliquez sur .

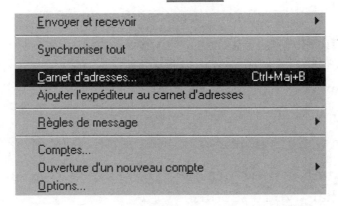

Vous obtiendrez alors la fenêtre suivante.

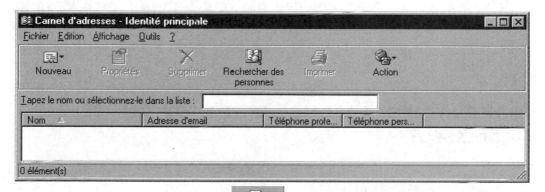

2. Cliquez maintenant sur 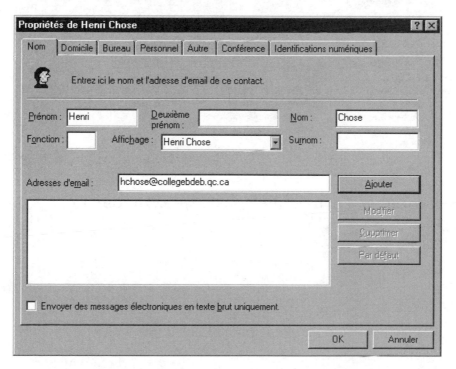 et choisissez **Nouveau contact** pour ajouter une nouvelle entrée dans votre carnet d'adresses.

3. Inscrivez le **Prénom,** le **Nom** et l'**Adresse électronique** comme ci-dessus. N'oubliez pas le @ (**AltCar+2**). Vous

pouvez aussi ajouter d'autres renseignements personnels en cliquant sur les autres onglets qui vous sont proposés. Ces renseignements supplémentaires sont optionnels.

4. Cliquez sur [OK] pour sauvegarder.

Comment modifier une entrée du carnet d'adresses?

1. Choisissez l'option **Carnet d'adresses** (**Ctrl+Maj+B**) dans le menu **Outils** ou cliquez sur [Adresses].

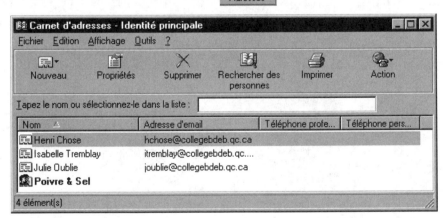

2. Sélectionnez l'entrée que vous désirez modifier.

3. Cliquez sur [Propriétés].

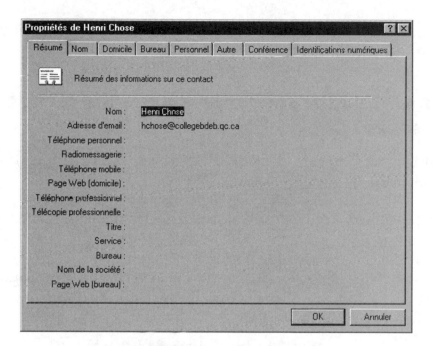

4. Cliquez sur l'onglet **Nom**.

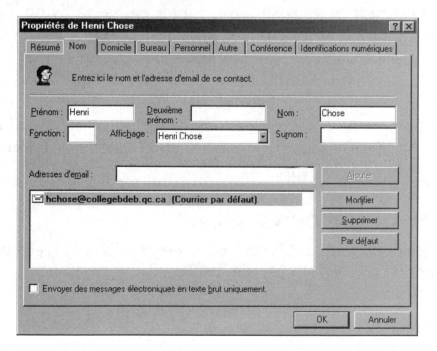

5. Effectuez vos modifications et cliquez sur [OK] pour sauvegarder.

Comment supprimer une entrée du carnet d'adresses?

1. Choisissez l'option **Carnet d'adresses** (**Ctrl+Maj+B**) dans le menu **Outils** ou cliquez sur [Propriétés].

2. Sélectionnez l'entrée que vous désirez supprimer. Par exemple: Henri Chose.

3. Cliquez sur [Supprimer]. Vous recevez alors un message vous demandant de confirmer la suppression de l'entrée choisie. Vous éviterez ainsi d'effacer une entrée par erreur.

4. Cliquez sur [Oui] ou sur [Non], selon le cas.

   Remarque: Si vous supprimez une entrée individuelle, elle disparaît de tous les groupes dans lesquels elle se trouve. L'inverse n'est pas vrai. Vous pouvez la supprimer d'un groupe tout en la conservant comme entrée individuelle du carnet d'adresses. Si vous effectuez des modifications au nom, au prénom ou à l'adresse électronique sur une carte individuelle, les modifications sont alors faites automatiquement dans tous les groupes concernés.

Comment créer un groupe?

1. Choisissez l'option **Carnet d'adresses** (**Ctrl+Maj+B**) dans le menu **Outils** ou cliquez sur [Propriétés].

2. Cliquez sur [Nouveau] et choisissez **Nouveau groupe.**

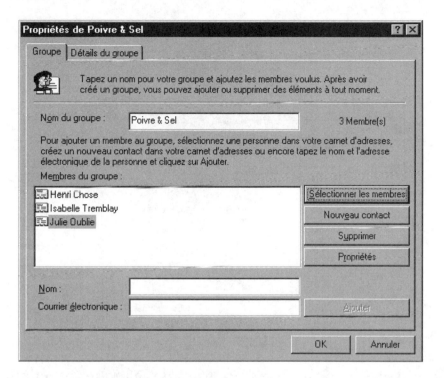

3. Inscrivez le **Nom du groupe.** Choisissez un nom significatif. Par exemple: Animateurs Poivre & Sel.

4. Cliquez sur Sélectionner les membres pour choisir dans votre carnet d'adresses les personnes que vous désirez inscrire dans votre groupe. Si le nom ne figure pas dans votre carnet d'adresses, vous pouvez créer une nouvelle carte en cliquant sur Nouveau contact . Voir la rubrique **Comment entrer une adresse dans le carnet d'adresses?**

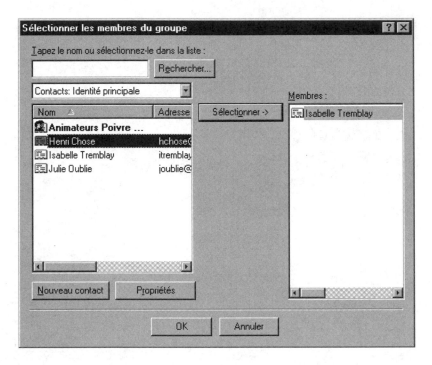

5. Choisissez le nom dans la liste de gauche et cliquez sur Sélectionner -> pour l'ajouter à votre groupe. Le nom apparaît alors dans la liste de droite. Si le nom ne figure pas dans votre carnet d'adresses, vous pouvez créer une nouvelle carte en cliquant sur Nouveau contact . Voir la rubrique **Comment entrer une adresse dans le carnet d'adresses?**

Comment utiliser le carnet d'adresses?

1. Cliquez sur Nouveau m... .

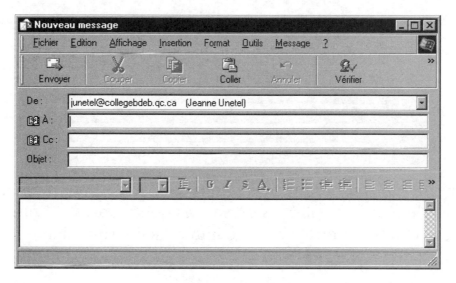

2. Cliquez sur [📖 A :]. Sélectionnez une adresse individuelle ou un groupe comme destinataire de votre message.

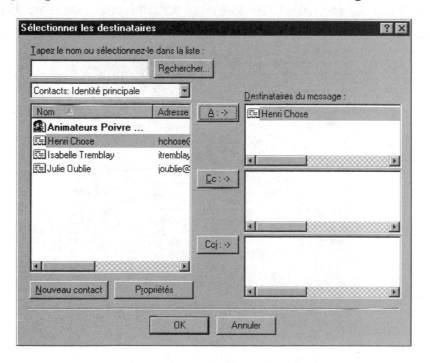

3. Cliquez sur [OK]. Les adresses s'inscriront automatiquement dans l'en-tête de votre nouveau message.

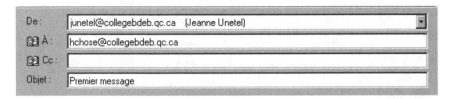

4. Terminez votre message et cliquez sur [Envoyer]. Le message est alors envoyé à toutes les personnes dont l'adresse figure dans l'en-tête, soit à titre d'adresse individuelle, soit à l'intérieur de la liste de diffusion.

Comment modifier l'affichage des messages?

1. Déroulez le menu **Affichage** et choisissez l'option **Disposition...**

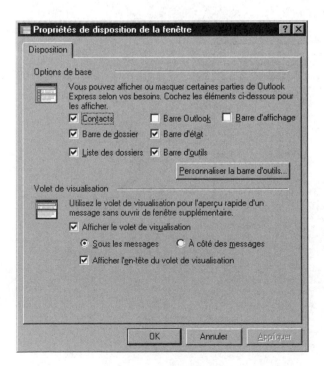

2. Remplissez le volet de visualisation.

3. Cliquez sur OK. À compter de maintenant, lorsque vous sélectionnerez un message, son contenu s'affichera automatiquement dans la région de l'écran sous la liste des messages.

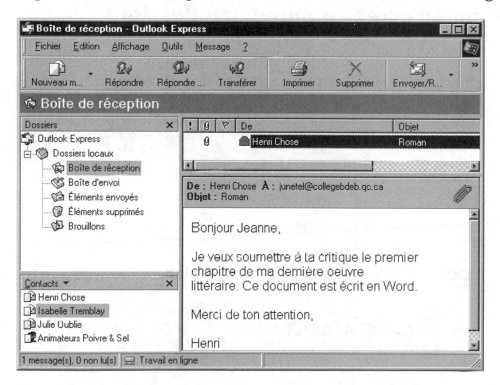

LA GESTION DES DOSSIERS

Comment voir le contenu des dossiers?

1. Sélectionnez le dossier dans lequel vous désirez lire le courrier. Par exemple, pour lire votre nouveau courrier, cliquez sur le dossier **Boîte de réception.**

2. Sélectionnez le message que vous désirez lire. Son contenu apparaît dans la zone du bas de la fenêtre. (Voir précédemment.)

Comment créer un nouveau dossier?

1. Sélectionnez **Dossiers locaux** dans la liste des dossiers.

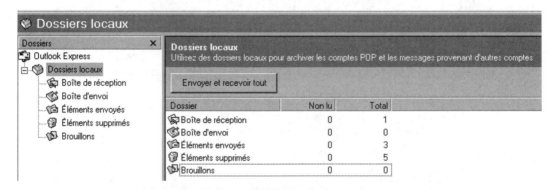

2. Choisissez l'option **Nouveau/Dossier...** du menu **Fichier**

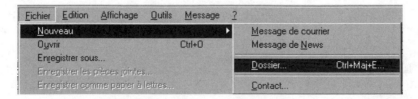

ou l'option **Dossier/Nouveau...** du menu **Fichier** (**Ctrl+Maj+E**).

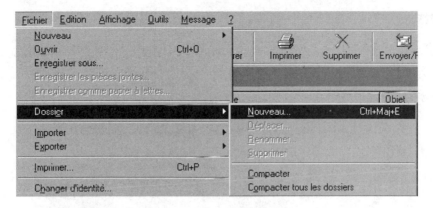

3. Inscrivez le nom de votre nouveau dossier dans la boîte de dialogue. Exemple: Poivre & Sel. Choisissez attentivement le dossier sous lequel vous désirez que votre nouveau dossier soit créé.

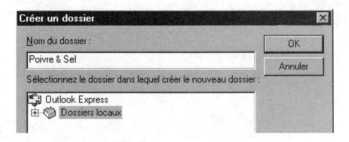

4. Cliquez sur ![OK] pour confirmer.

    Vous verrez apparaître votre dossier dans la liste.

Comment classer votre courrier?

1. Cliquez sur le message que vous voulez transférer, à partir de la fenêtre d'un dossier (**Boîte de réception, Boîte d'envoi**, **Éléments envoyés,** etc.).

2. Choisissez l'option **Déplacer vers un dossier...** du menu **Édition.**

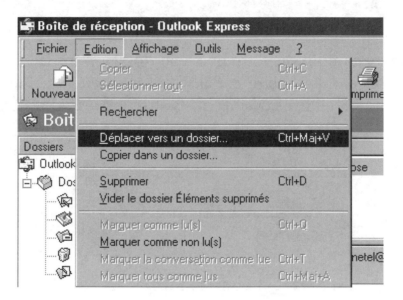

Vous obtiendrez alors l'écran suivant.

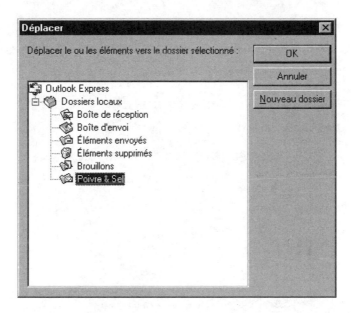

3. Sélectionnez le dossier dans lequel vous désirez classer ce message.

    Remarque: Vous pouvez aussi classer vos messages en les glissant dans le dossier désiré. Sélectionnez le message à classer. En maintenant le bouton gauche de la souris enfoncé, glissez-le vers le dossier choisi.

Comment vider le dossier Éléments supprimés?

1. Assurez-vous d'avoir au moins lu le courrier qui se trouve dans le dossier **Éléments supprimés.** Le courrier non lu est identifié par une enveloppe fermée à la gauche du nom de l'expéditeur.

2. Sélectionnez le courrier qui se trouve dans le dossier **Éléments supprimés** pour le lire.

3. Transférez un message du dossier **Éléments supprimés** vers un autre dossier si vous ne voulez pas qu'il soit détruit (voir: **Comment classer votre courrier?**).

4. Choisissez l'option **Vider le dossier Éléments supprimés** dans le menu **Édition.**

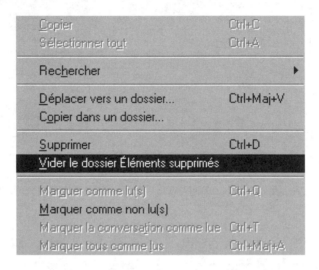

Comment créer votre signature de courrier?

1. Déroulez le menu **Outils** et choisissez l'option **Options...**

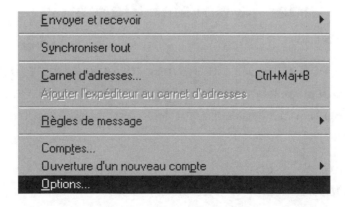

2. Cliquez sur l'onglet **Signatures.**

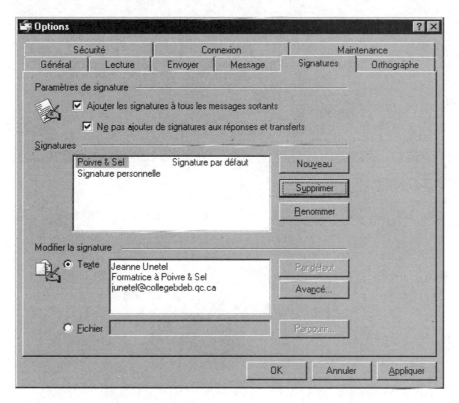

3. Cliquez sur 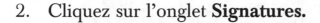 et écrivez votre signature.

4. Cliquez sur Renommer pour spécifier votre signature avec un nom significatif qui vous permettra de bien distinguer vos signatures. Vous pouvez en effet vous composer différentes signatures.

   Si vous avez plusieurs signatures, sélectionnez celle que vous désirez utiliser par défaut et cliquez sur Par défaut .

5. Cochez les deux cases des paramètres de signature pour que votre signature par défaut soit ajoutée à vos messages et non à vos réponses à des messages.

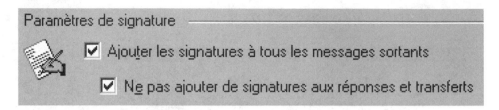

6. Cliquez sur ⌷ OK ⌷.

Comment insérer une de vos signatures dans votre courrier?

1. Désactivez l'ajout automatique d'une signature dans les paramètres de signature. (Voir la rubrique précédente.)

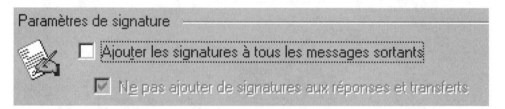

2. Cliquez sur ⌷Nouveau m...⌷ et composez votre message.

3. Déroulez le menu **Insertion** et choisissez, dans l'option **Signatures,** la signature que vous désirez insérer à votre message.

La signature choisie apparaît toujours à l'endroit où se trouve le curseur dans votre message. Assurez-vous donc que le curseur est au début d'une ligne vierge à la fin de votre message.

LES FICHIERS JOINTS

1. Ouvrez la fenêtre pour un nouveau message en cliquant sur , ou en choisissant l'option **Nouveau/Message de courrier** du menu **Fichier,** ou en choisissant l'option **Nouveau message** dans le menu **Message,** ou encore en tapant **Ctrl+N**; vous obtiendrez alors:

2. Remplissez l'en-tête du message et rédigez votre texte.

3. Cliquez maintenant sur [Joindre] pour enclencher la procédure qui vous permet de joindre un fichier à votre message. Vous obtiendrez:

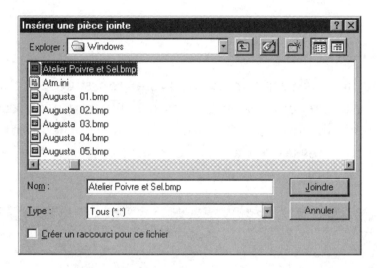

4. Sélectionnez le fichier que vous désirez joindre à votre message et cliquez sur [Ouvrir].

Le nom du fichier apparaît dans la zone de l'en-tête réservée aux fichiers joints.

5. Envoyez le message et le fichier joint en cliquant sur .

Comment récupérer un fichier joint?

Première façon

1. Sélectionnez le message contenant le fichier joint. Lorsqu'un message contient un fichier joint, vous remarquerez un trombone à la gauche du nom dans la liste des messages, ainsi qu'à la droite de la barre d'en-tête du message une fois affiché.

2. Cliquez sur 📎 et choisissez **Enregistrer les pièces jointes.**

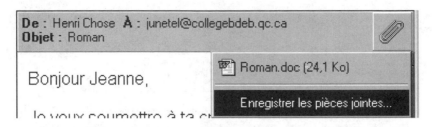

Vous obtiendrez alors l'écran suivant:

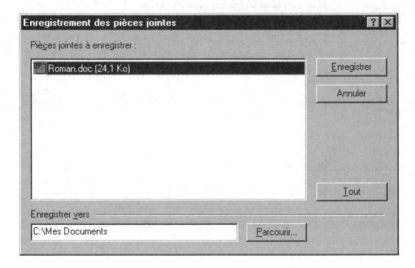

3. Sélectionnez le ou les documents que vous désirez sauve-garder. Pour sauvegarder toutes les pièces jointes, cliquez sur **Tout**.

4. Cliquez sur **Parcourir...** pour sélectionner le dossier dans lequel vous souhaitez enregistrer les pièces jointes. Par exemple: C:\Mes Documents.

5. Cliquez sur **Enregistrer**.

Deuxième façon

1. Sélectionnez le message contenant le fichier joint. Lorsqu'un message contient un fichier joint, vous remarquerez un trombone à la gauche du nom dans la liste des messages, ainsi qu'à la droite de la barre d'en-tête du message une fois affiché.

2. Cliquez sur puis sur l'une des pièces jointes. Vous obtiendrez peut-être la fenêtre d'Avertissement suivante:

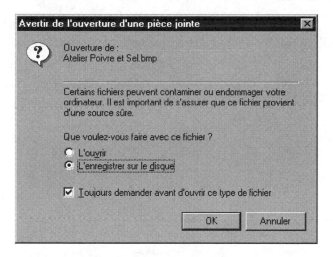

Vous pouvez décider d'ouvrir immédiatement le fichier. Outlook Express choisira alors l'application requise, si elle est disponible. Il est aussi possible d'enregistrer le fichier sur votre disque, ce que nous vous conseillons vivement! Vous pourrez donc le récupérer plus tard avec l'application de votre choix.

Après avoir lu attentivement le message de sécurité proposé par Outlook Express et vous être assuré que le fichier vous est envoyé par quelqu'un en qui vous avez confiance, sélectionnez l'option **L'enregistrer sur disque** et cliquez sur OK.

Attention! Assurez-vous que le fichier reçu ne contient pas de virus en le faisant analyser par votre logiciel antivirus.

3. Choisissez le dossier dans lequel vous désirez enregistrer votre fichier et cliquez sur Enregistrer .

LES OUTILS DE RECHERCHE: LA TOILE DU QUÉBEC, YAHOO! FRANCE ET ALTA VISTA CANADA

Nous vous présentons trois outils de recherche pour illustrer, à l'aide d'exemples, le fonctionnement de la recherche par répertoire et de la recherche par mot clé. Les outils de recherche retenus sont **La Toile du Québec**, **Yahoo! France** et **AltaVista Canada**.

LA RECHERCHE PAR RÉPERTOIRE

Comment chercher avec La Toile du Québec?

1. Atteignez le site de **La Toile du Québec** en utilisant vos signets ou en tapant **www.toile.qc.ca** dans la barre d'**Adresse.**

2. Faites défiler la page d'entrée de **La Toile** à l'aide de la barre de défilement verticale jusqu'à ce que vous aperceviez des répertoires regroupant de nombreux sujets.

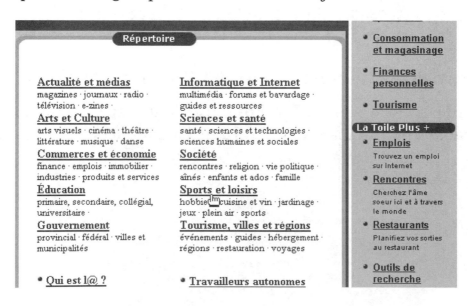

3. Cliquez sur la catégorie qui correspond le plus au sujet que vous recherchez. (Ex.: Si vous cherchez un site qui parle **de cuisine et de vin,** cliquez sur la rubrique **Sports et loisirs.**)

4. Cliquez ensuite sur **Cuisine et vin.**

5. Cliquez maintenant sur **Vin.**

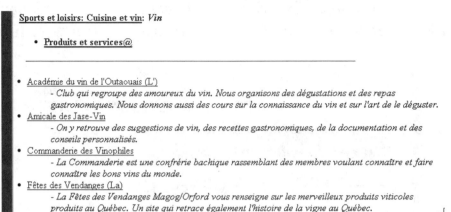

Avec un peu de patience, vous trouverez le site qui vous intéresse. Si votre recherche n'aboutit à rien d'attrayant à la première tentative, recommencez à partir d'une autre rubrique.

Comment chercher avec Yahoo! France?

1. Atteignez le site de **Yahoo! France** en utilisant vos signets ou
    en tapant **www.yahoo.fr** dans la barre d'**Adresse.**

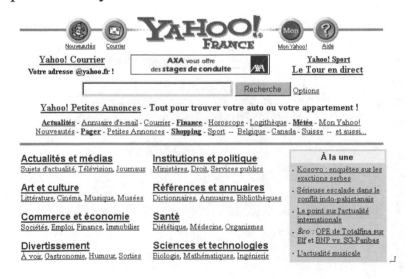

2. Cliquez sur la catégorie qui correspond le plus au sujet que vous recherchez. (Ex.: **Divertissement.**)

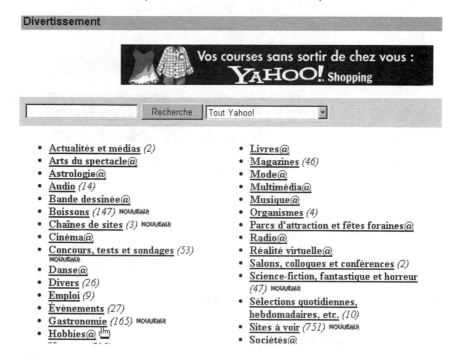

3. Cliquez ensuite sur **Gastronomie.**

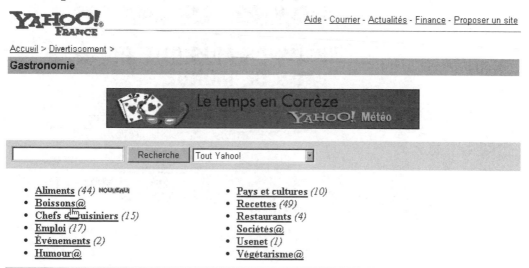

4. Sélectionnez **Boissons@.**

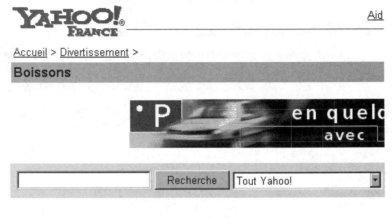

- Alcools et spiritueux *(134)* NOUVEAU!
- Boissons non alcoolisées *(11)* NOUVEAU!
- Lait *(1)*
- Sociétés@

5. Sélectionnez **Alcools et spiritueux.**

- Alcoolisme@
- Bière *(31)*
- Champagne@
- Cocktails et recettes *(8)* NOUVEAU!
- Jeux de boisson *(7)*

- Sociétés@
- Vin *(72)* NOUVEAU!
- Vodka *(2)*
- Whisky *(5)*

6. Cliquez sur **Vin.**

- Appellations *(37)*

Château
On Line
CHÂTEAU
ChateauOnline.fr
Cliquez ici !

- Magazines *(3)*
- Oenologie *(6)* NOUVEAU!
- Organismes et confréries *(11)* NOUVEAU!
- Sociétés@

- Annuaire des vins de Bordeaux - Rouge, blanc, rosé.
- Caves Particulières (Les) - Représentent environ 10000 vignerons français. Les domaines, la CNCP, un magazine, un agenda et un espace gastronome.
- Frenchwines - Annuaire du vin français, des viticulteurs, des négociants, des vignobles, de la presse viticole, des boutiques, etc.
- Glossaire du vin
- Grands vins de France (Les) - Classements des meilleures vins par appellations.
- Histoire de vin - Anecdotes et suggestions.
- Historic Wines - Les vins français à travers l'histoire.
- Musée du vigneron - Visite du musée et présentation du domaine de Beaurenard.
- Musée virtuel de la vigne et du vin - Outils et techniques viticoles.
- Vins du Troubadour - Cave des vignerons de Vacqueyras. La société, les vins des domaines.
- Vins et millésimes - Les châteaux, apprendre le service du vin et les millésimes.

Avec un peu de patience, vous trouverez le site qui vous intéresse. Si votre recherche n'aboutit à rien de captivant à la première tentative, recommencez à partir d'une autre rubrique, ou encore, faites une recherche par mot clé.

Remarque: Vous pouvez aussi lancer une recherche par mot clé à chacune des étapes de votre recherche par répertoire dans **La Toile du Québec** ou dans **Yahoo! France.**

LA RECHERCHE PAR MOT CLÉ

Comment rechercher avec La Toile du Québec?

1. Allez dans le site de **La Toile du Québec** (www.toile.qc.ca).

2. Inscrivez un ou plusieurs mots clés dans la boîte de dialogue. Vous pouvez utiliser les accents et les majuscules, si votre mot clé en contient. Employez les majuscules seulement pour les noms propres.

    (Ex.: jardin botanique Montréal).

3. Cliquez sur 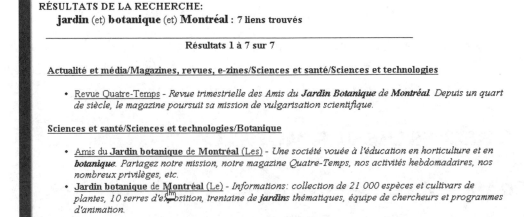 .

RÉSULTATS DE LA RECHERCHE:
    jardin (et) **botanique** (et) **Montréal** : 7 liens trouvés

Résultats 1 à 7 sur 7

Actualité et média/Magazines, revues, e-zines/Sciences et santé/Sciences et technologies

*   Revue Quatre-Temps - *Revue trimestrielle des Amis du **Jardin Botanique** de **Montréal**. Depuis un quart de siècle, le magazine poursuit sa mission de vulgarisation scientifique.*

Sciences et santé/Sciences et technologies/Botanique

*   Amis du **Jardin botanique** de Montréal (Les) - *Une société vouée à l'éducation en horticulture et en **botanique**. Partagez notre mission, notre magazine Quatre-Temps, nos activités hebdomadaires, nos nombreux privilèges, etc.*
*   Jardin botanique de Montréal (Le) - *Informations: collection de 21 000 espèces et cultivars de plantes, 10 serres d'exposition, trentaine de **jardins** thématiques, équipe de chercheurs et programmes d'animation.*

4. Cliquez sur le lien pour atteindre le site du Jardin botanique de Montréal.

5. Cliquez sur Menu pour commencer votre visite du site.

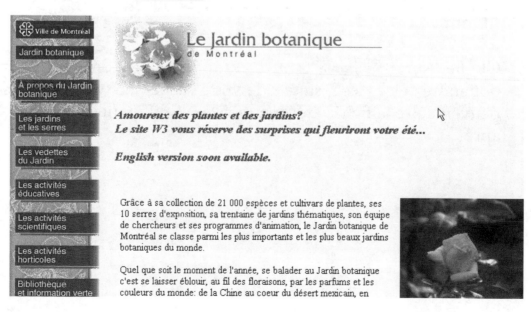

Comment rechercher avec Yahoo! France?

1. Allez dans le site de **Yahoo! France** (www.yahoo.fr).

2. Inscrivez un mot clé dans la boîte de texte (ex.: Montréal). Vous pouvez utiliser les accents et les majuscules, si votre mot clé en contient. Vous pouvez taper plusieurs mots en les séparant par une espace. Employez les majuscules seulement pour les noms propres.

    Montréal | Recherche

3. Cliquez sur Recherche ou bien appuyez sur **Entrée.** Vous obtiendrez alors les résultats de votre recherche. Ces résultats peuvent être affichés de quatre façons différentes. (Voir ci-après.)

Catégories

 Aide   Actualités - Courrier - Finance - Proposer un site

Résultat 16 catégories, **463** sites et **10** dépêches pour **Montréal**

| Catégories Yahoo! | Sites Web | Autres pages | Dépêches d'actualité |

Catégories Yahoo!   (1 à 15 sur 16)

Exploration géographique > Pays > Canada > Provinces et territoires > Québec > Régions > **Montréal** (06)

Exploration géographique > Pays > Canada > Provinces et territoires > Québec > Régions > **Montréal** (06) >
Communauté-Urbaine-de-**Montréal** (66)

Exploration géographique > Pays > Canada > Provinces et territoires > Québec > Régions > **Montréal** (06) >
Communauté-Urbaine-de-**Montréal** (66) > Villes > **Montréal**

Exploration géographique > Pays > Canada > Provinces et territoires > Québec > Régions > **Montréal** (06) >

Sites Web

 Aide   Actualités - Courrier - Finance - Proposer un site

Résultat 16 catégories, **463** sites et **10** dépêches pour **Montréal**

| Catégories Yahoo! | Sites Web | Autres pages | Dépêches d'actualité |

Sites répertoriés Yahoo! France   (1 à 15 sur 463)

Actualités et médias > Presse par ordre alphabétique

- Journal de **Montréal** (Le) - Résumés des manchettes, actualités régionales, nationales, internationales et de **Montréal**.
  Affaires, sports, spectacles et société.
- **Montréal** CAMPUS - UQAM.

Commerce et économie > Sociétés > Alimentation > Restauration > Restaurants > Pays > Canada > Liste complète

- Restoguide-**Montréal** - Guide officiel en ligne des restaurants de **Montréal**: choix par cuisine.

Autres pages

 RÉSULTATS AVEC: **Inktomi** <u>Index</u> - <u>Aide</u>

Résultat 36590 pages web pour **montréal**

<u>Catégories</u>	<u>Sites Yahoo!</u>	**Autres pages**	<u>Dépêches d'actualité</u>

AVERTISSEMENT : Les résultats ci-dessous vous sont fournis par le moteur de recherche Inktomi et ne sont pas contrôlés par Yahoo!

Pages trouvées sur le Web (1 à 20 sur 36590)

- <u>Université du Québec à **Montréal** (UQAM).</u> - UNIVERSITÉ DU QUÉBEC À MONTRÉAL (UQAM) À l'intention de ceux qui fonctionnent en mode texte, voici les principales rubriques qui composent le site Web de l'UQAM CLIQUEZ ICI. Si vous fonctionnez en mode graphique et que vous désirez avoir accès à la
  --*http://www.uqam.ca/*

- <u>École Polytechnique de **Montréal** - Page d'accueil</u> - La campagne de financement Poly125: l'objectif est dépassé La campagne de financement que Polytechnique a lancée à l'occasion de son 125e anniversaire porte fruit; 9,6 millions ont été amassés à ce jour. Cette campagne de financement de grande..
  --*http://www.polymtl.ca/*

- <u>Université de **Montréal**</u> - (Mode texte) L'Université d'été Le bogue de l'an 2000 L'UdeM (1878-1999) Forum (journal de

Dépêches

 <u>Aide</u>   <u>Actualités</u> - <u>Courrier</u> - <u>Finance</u> - <u>Proposer un site</u>

Résultat 10 dépêches pour **Montréal**.

<u>Catégories Yahoo!</u>	<u>Sites Web</u>	<u>Autres pages</u>	**Dépêches d'actualité**

Dépêches Yahoo! Actualités (1 à 10 sur 10)

<u>Le jazz de l'ère techno consacré au Festival de **Montréal**</u>
MONTREAL, 7 juil (AFP) - Le jazz de l'ère techno a reçu sa consécration mardi soir au Festival de jazz de **Montréal** avec la prestation du disc-jockey américain Carl Craig et son groupe Innerzone Orchestra, qui ont embarqué des dizaines de milliers de personnes dans une expérimentation spectaculaire mêlant folklore et électronique.
- 07/07/99 07h06 heure de Paris

<u>Philippe Seguin rejoint l'université du Québec à **Montréal**</u>
MONTREAL (AP) -- L'ancien président de l'Assemblée nationale française et du RPR, Philippe Seguin, rejoindra en septembre l'université du Québec à **Montréal** en qualité de professeur mais aussi de chercheur invité.
07/07/99 02h06 heure de Paris

Si les résultats sont insatisfaisants, recommencez avec d'autres mots clés.

Recherche simple avec AltaVista Canada

1. Atteignez le site d'AltaVista Canada en utilisant vos signets ou en tapant **www.altavista.ca** dans la barre d'**Adresse.**

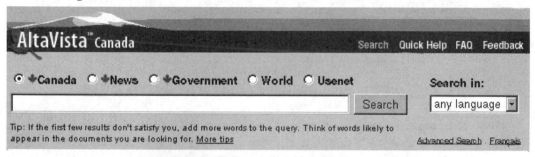

2. Cliquez sur **Français** en bas à droite de l'en-tête pour atteindre la page en français.

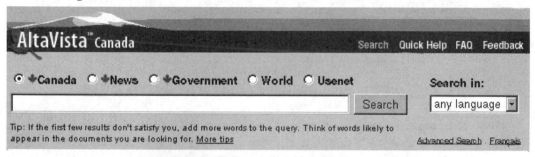

3. Tapez les mots **généalogie ancêtres** dans la zone de texte et cliquez sur **Recherche**. AltaVista Canada vous fournit les sites canadiens qui contiennent les mots de votre requête en commençant par les plus pertinents. Si vous désirez faire une recherche sur les sites à travers la planète, vous devez sélectionner l'option **Monde**.

Environ **64740** documents correspondent à votre interrogation dans l'index **canadien**.

1. La Généalogie, vos Ancêtres et leur Histoire
[**URL**: http://www.cam.org/~hebertr/franco-fr.htm]
Promouvoir la fierté de son nom et de ses racines pour
modifié 28-Jun-1998 - taille de page 9K - en français [Traduire]

2. La Généalogie, vos Ancêtres et leur Histoire
[**URL**: http://www.cam.org/~hebertr/parcours.htm]
Promouvoir la fierté de son nom et de ses racines pour
modifié 28-Jun-1998 - taille de page 11K - en français [Traduire]

3. Ancêtres Généalogie familiale / L'Association des Bisson d'Amérique
[**URL**: http://www.genealogie.org/famille/bisson/ancetre.htm]
Les membres l'Association des Bisson d'Amérique, généalogie, h
modifié 24-Apr-1999 - taille de page 18K - en français [Traduire]

4. Dans notre exemple, **AltaVista** vous fournit 64 740 documents en les regroupant par dix pages et en format standard. Pour passer au groupe suivant de résultats, il suffit de cliquer sur le numéro du groupe désiré. La liste des groupes de dix pages se trouve dans le bas de la page active.

Pages: 1 2 3 4 5 6 7 8 9 10 11 12 13 14 15 16 17 18 19 20 [>>]

Compte de mots: ancêtres: 12531 ; généalogie: 23860

Il faut vous souvenir que les résultats vous sont présentés par AltaVista en commençant par le plus pertinent.

5. Si vous faites une recherche en langue anglaise dans AltaVista, pour obtenir la traduction française d'une page, il suffit de cliquer sur **Translate.** La traduction n'est pas parfaite, mais c'est un bon début.

2. Généalogie

Généalogie / Genealogy. Français English Français English Français (Evelyn) English(Evelyn) Français (Paul) English(Paul) Ce site est inscrit à la...
URL: www.cyberbeach.net/~narborine/gene1.htm
Last modified 6-Apr-99 - page size 5K - in English [Translate]

6. Utilisez le menu déroulant de la liste des langues, pour changer la langue utilisée pour votre recherche.

Si vous faites votre recherche avec l'interface française d'AltaVista Canada et que vous cherchez parmi les sites du Canada, AltaVista vous renvoie automatiquement aux sites français. Il n'est donc pas nécessaire de choisir la langue française. Cependant, si vous cherchez en utilisant l'option Monde ⊙ Monde , vous devez sélectionner la langue française comme langue de recherche. Sinon, vous obtiendrez aussi des sites en langue anglaise.

Recherche avancée avec AltaVista

1. Cliquez sur **Recherche avancée** en bas à droite de l'en-tête dans la page d'entrée d'**AltaVista Canada.**

2. Remplissez la fenêtre obtenue, de la façon indiquée ci-dessous. Dans la recherche avancée, vous devez utiliser les connectifs (appelés aussi opérateurs logiques) et les parenthèses pour bien définir votre requête. Dans la boîte de texte **Expression booléenne**, tapez **voyage and (France or Angleterre).**

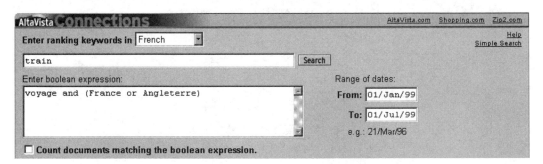

3. En inscrivant **train** dans la boîte de texte voisine du bouton Recherche , vous obtiendrez une liste commençant par les résultats contenant le mot **train.** N'oubliez pas d'inscrire les dates pour préciser que vous désirez seulement les documents modifiés entre le premier janvier 1999 et le premier juillet 1999. Si vous laissez les boîtes de dates vides, vous obtiendrez tous les documents disponibles.

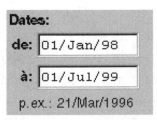

4. Choisissez l'option **Monde,** la langue française comme langue de recherche et cliquez sur Recherche .

Environ **3581** documents correspondent à votre interrogation dans l'index **mondial**.

1. ** Suisse Tourisme (France) - Voyager par le train (I) **
[**URL:** http://www.switzerlandtourism.ch/fr/fr_travel_train1.html]
Par le train. Le réseau de transports en commun de la Suisse e
modifié 30-Apr-1999 - taille de page 8255 - en français [Traduire]

2. le_train
[**URL:** http://www.cine-bisirs.com/le_train.htm]
CEUX QUI M'AIMENT PRENDRONT LE TRAIN. EN
COMPETITION CANNES 19
modifié 01-Sep-1998 - taille de page 2453 - en français [Traduire]

3. cyber tourisme, Cybertourisme, le guide de vos voyages en train
[**URL:** http://www.cybertourisme.com/Trains.html]
cybertourisme, le guide voyages des vacances en train, le cybe
modifié 12-Mar-1999 - taille de page 9410 - en français [Traduire]

Le langage de la recherche avancée dans AltaVista

voyage

L'utilisation des **minuscules** dans la recherche vous permettra d'obtenir **tous les documents contenant le mot,** même si ce dernier est écrit en majuscules dans le document.

Voyage

Si vous utilisez les **majuscules,** vous obtiendrez **seulement les documents qui contiennent le mot exact.** Les documents contenant **voyage, VOYAGE,** seront ignorés.

montréal

Les mots peuvent contenir des **accents.** Cependant, les lettres accentuées ont le **même effet que les majuscules.** Cela restreint le nombre de documents fournis par **AltaVista.**

"Voyage de ski"

L'utilisation des **guillemets droits** indique à AltaVista qu'il doit chercher la **phrase** ou l'**expression exacte** dans les documents.

voyag*

L'utilisation d'un astérisque (*) vous ramènera les documents contenant des **mots** comme **voyage, voyageur, voyageuse,** etc.

Exemples d'utilisation des opérateurs logiques

voyage AND canada

Le connectif **AND** vous assure que les **deux mots** seront **présents** dans les documents que vous ramènera **AltaVista.**

voyage OR canada

Le connectif **OR** vous assure qu'**au moins un des deux mots** sera **présent** dans les documents que vous ramènera **AltaVista.**

voyage NEAR canada

Le connectif **NEAR** vous assure que les deux mots sont **distants d'au plus dix mots** l'un de l'autre dans les documents fournis par AltaVista.

voyage AND NOT canada

Le connectif **NOT** exclura les documents contenant le mot **canada.**

voyage AND canada OR france

(voyage AND canada) OR france

voyage AND (canada OR france)

Les deux premières recherches ramèneront les mêmes résultats. Vous obtiendrez tous les documents contenant les mots **voyage** et **canada** ainsi que ceux contenant le mot **france.**

La troisième recherche ramènera les documents contenant les mots **voyage** et **canada** ou les documents contenant **voyage** et **france.**

Comment trouver d'autres moteurs de recherche?

1. Atteignez le site de **La Toile du Québec** en utilisant vos signets ou en tapant **www.toile.qc.ca** dans la barre d'**Adresse.**

2. Faites dérouler la page pour trouver le lien hypertexte **Outils de recherche.**

Arts et Culture
arts visuels · cinéma · théâtre · littérature · musique · danse

Commerces et économie
finance · emplois · immobilier · industries · produits et services

Éducation
primaire, secondaire, collégial, universitaire ·

Gouvernement
provincial · fédéral · villes et municipalités

Sciences et santé
santé · sciences et technologies · sciences humaines et sociales

Société
rencontres · religion · vie politique · aînés · enfants et ados · famille

Sports et loisirs
hobbies · cuisine et vin · jardinage · jeux · plein air · sports

Tourisme, villes et régions
événements · guides · hébergement · régions · restauration · voyages

• **Qui est l@ ?**
Répertoire des pages personnelles

• **Travailleurs autonomes**
Répertoire des travailleurs autonomes

La Toile Plus +

• **Emplois**
Trouvez un emploi sur Internet

• **Rencontres**
Cherchez l'âme soeur ici et à travers le monde

• **Restaurants**
Planifiez vos sorties au restaurant

• **Outils de recherche**
Sélection meilleurs outils de recherche sur Internet

3. Cliquez sur • **Outils de recherche** .

Infos ■ Ajouter un site ■ Un lien vers l'inconnu ■ Nouveautés

Faites vos achats en ligne

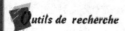
Outils de recherche

**Nous mettons à votre disposition une sélection des meilleurs
outils de recherche sur Internet.**

◆ *Pour trouver une personne ou une adresse*

Bigfoot
Canada411
Internet Address Finder
Recherche de code postal (Poste Canada)
WhoWhere?
Yahoo! People Search

◆ *Pour explorer les Newsgroups*

Deja News

◆ *Pour découvrir les meilleurs sites*

Magellan!
Top 5% Web Sites (Lycos)
PC Magazine's Top 100 Web Sites

◆ *Pour s'abonner aux listes de distribution de courrier...*

Francopholistes
Tile.net
Public Accessible Mailing Lists

◆ *Pour visiter un pays, une région, une ville...*

Excite Travel

◆ *Pour chercher un site*

▶ **catalogues multimoteurs**

Beaucoup!
BotSpot
Net Search (Netscape)

▶ **robots d'exploration Web**

AltaVista
AltaVista Canada
Excite
Google
GoTo.com
HotBot
Infoseek
Lokace (francophone)
Lycos
Northern Light
Voilà (francophone)
WebCrawler

▶ **répertoires francophones**

Carrefour.net
Francité
La Toile du Québec
Nomade
Yahoo! France

▶ **répertoires anglophones**

LookSmart
Snap
Starting Point
Yahoo!
Yahoo! Canada

4. Prenez le temps d'explorer cette page. Vous y trouverez des moteurs de recherche spécialisés comme **Canada 411,** qui vous permet de consulter l'annuaire téléphonique canadien. Vous pourrez aussi voyager à travers le monde en utilisant **Excite Travel.** Attention! Dans ce moteur de recherche, oubliez les lettres accentuées. Vous pouvez aussi atteindre une liste considérable de moteurs de recherche, par exemple à **Beaucoup.com.** Jetez-y un coup d'œil. Ça en vaut le coup!

LE COURRIER ÉLECTRONIQUE AVEC EUDORA LIGHT 3.0

L'écran d'entrée d'Eudora Light 3.0

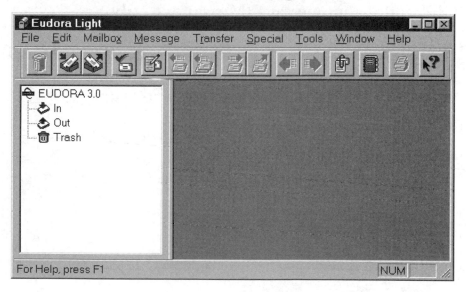

La barre des boutons dans Eudora Light 3.0

Effacer un message (**Message/Delete**).

Ouvrir la boîte de courrier **In.**

Ouvrir la boîte de courrier **Out.**

Vérifier le courrier (**Check Mail**).

Composer un nouveau message (**Message/New Message**).

Répondre à un message (**Message/Reply**).

Répondre à tous les messages (**Message/Reply to All**).

Faire suivre un message (**Message/Forward**).

Rediriger un message (**Message/Redirect**).

Ouvrir le message précédent.

Ouvrir le message suivant.

Fichiers joints (**Attach File to New Message**).

Ouvrir le carnet d'adresses (**Tools/Address Book**).

Imprimer un message (**File/Print**).

Aide contextuelle.

Comment configurer Eudora Light 3.0?

La configuration de base

1. Choisissez l'option **Options...** du menu **Tools.**

2. Sélectionnez **Getting Started** dans la fenêtre **Category.**

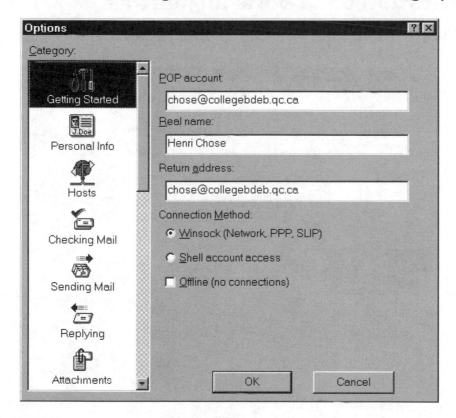

Le **POP account** est votre adresse de courrier électronique.

Si vous inscrivez votre nom véritable dans la boîte de dialogue **Real name,** celui-ci apparaîtra alors dans l'en-tête de chacun des messages que vous enverrez.

L'adresse de retour est l'adresse à laquelle vous désirez recevoir votre courrier. Elle peut être différente de votre **POP account.**

Si vous ne fournissez pas d'adresse de retour, Eudora Light 3.0 utilisera votre **POP account.**

Vérification de la boîte aux lettres

1. Choisissez l'option **Checking Mail** dans la fenêtre **Category.**

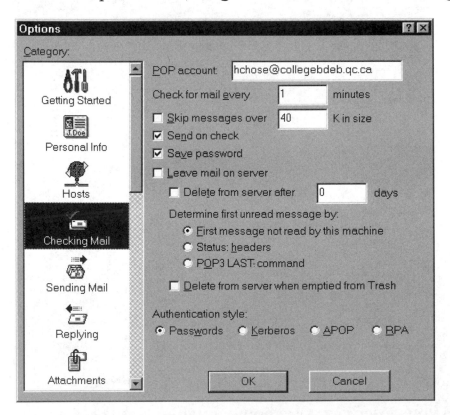

Si l'option **Send on check** est cochée, Eudora Light 3.0 vérifie automatiquement l'arrivée de votre courrier. Choisissez la fréquence de cette vérification. Il est recommandé d'indiquer une fréquence de vérification qui vous permettra de ne pas être constamment dérangé durant votre travail (ex.: 40 minutes) ou d'indiquer 0 minute si vous désirez être avisé dès que vous recevez du courrier.

Vous pouvez, en tout temps, pendant votre session de travail, vérifier si vous avez reçu du courrier en tapant sur **CTRL-M** ou en choisissant l'option **Check Mail** dans le menu **File.**

Si l'option **Save password** est cochée, vous n'aurez pas à récrire votre mot de passe lors de la vérification du nouveau courrier chez votre fournisseur d'accès Internet.

Ne modifiez pas les autres options. Nous vous conseillons de les laisser telles qu'elles apparaissent à l'écran.

Les annexes dans Eudora Light 3.0

Le courrier électronique vous permet d'envoyer ou de recevoir, en annexe d'un message, n'importe quel type de document: un dessin créé dans *Corel,* un texte créé dans *Word* ou dans *WordPerfect,* un carnet de signets de *Netscape,* une feuille de tableur *Excel* ou *Lotus,* un fichier compressé, etc.

Pour utiliser le document reçu, vous devez posséder le logiciel avec lequel le document a été créé ou un logiciel compatible.

Lorsque vous recevez un document annexé, **Eudora Light 3.0** le détache et le dépose automatiquement sur votre disque rigide dans un répertoire prévu à cette fin.

Comment changer le répertoire pour les annexes?

1. Choisissez l'option **Options...** du menu **Tools.**

2. Sélectionnez **Attachments** dans la fenêtre **Category.**

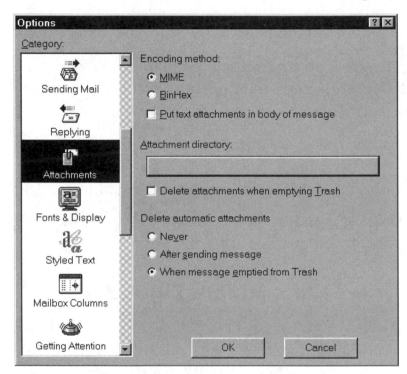

3. Cliquez sur le bouton **Attachment Directory.**

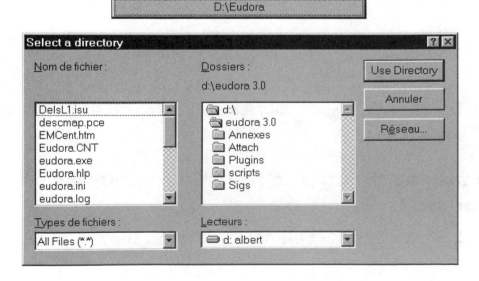

4. Choisissez le répertoire que vous avez créé précédemment, grâce à l'**Explorateur** de Windows 9x.

Par exemple: **Eudora 3.0\Annexes.**

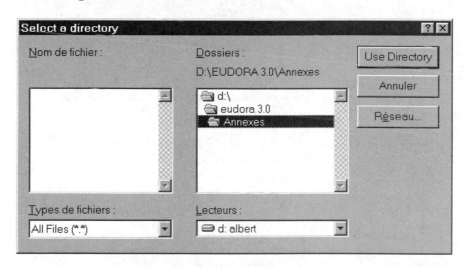

À partir de maintenant, les documents reçus en annexe d'un message seront déposés dans le répertoire suivant: D:\Eudora\Annexes .

5. Cliquez sur Use Directory .

6. Cliquez sur **OK** pour refermer la fenêtre **Options.**

Comment envoyer un message?

1. Ouvrez la fenêtre pour envoyer un nouveau message en cliquant sur 📝 ou en tapant sur **CTRL+N,** ou encore en choisissant l'option **New Message** du menu **Message**; vous obtiendrez ceci:

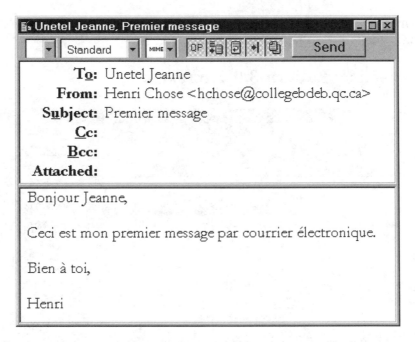

2.   Remplissez l'en-tête du message:

To: L'adresse électronique du destinataire princi-
                      pal du message. Exemple: junetel@collegeb-
                      deb.qc.ca

From: Votre adresse électronique.

                      Exemple: hchose@collegebdeb.qc.ca

Subject: Contient généralement quelques mots don-
                      nant un aperçu du contenu du message.

Cc: L'adresse d'un destinataire secondaire.

Bcc: L'adresse d'un destinataire qui demeure
                      invisible aux destinataires principal et secon-
                      daire.

Attachments: Le nom du document en annexe.

Pour déplacer le curseur d'un champ à l'autre de l'en-tête, utiliser la touche **TAB** pour passer au champ suivant et **SHIFT+TAB** pour passer au champ précédent. Pour obtenir le @, utilisez **AltCar+2.**

3. Rédigez ensuite le texte de votre message en cliquant dans la zone d'écriture et tapez votre texte.

4. Envoyez votre message en cliquant sur le bouton Send .

Après l'envoi, votre message est conservé dans la boîte **Out.** Vous pouvez consulter cette boîte de courrier en choisissant l'option **Out** dans le menu **Mailbox.** Si le message a bien été envoyé, il est précédé de la lettre **S** pour **Sent.**

S	P	A	Who	Date	K	Subject
S			Unetel Jeanne	21:17 98-02-17 -0500	1	Premier message

1/0K/15K

Attention! Si vous avez commis une erreur dans l'adresse de votre message, vous recevrez un avis du maître de poste électronique. Lisez attentivement ce message. Vous pourrez alors connaître l'erreur qui a été commise et ainsi vous pourrez la corriger en rouvrant le message dans le dossier **Out** du menu **Mailbox** (boîte aux lettres) en appuyant sur **Send Again** dans le menu **Message,** en y corrigeant l'adresse, puis en cliquant sur Send .

Comment répondre à un message?

1. Sélectionnez le message auquel vous désirez répondre et cliquez sur le bouton 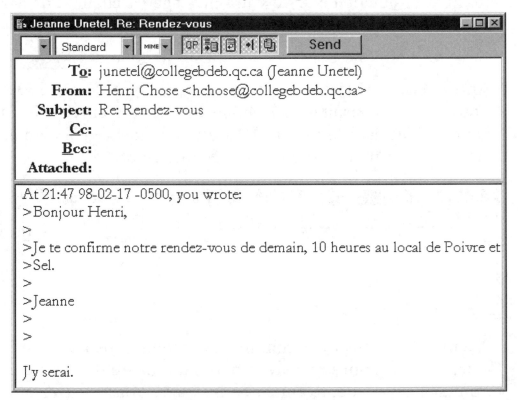.

    L'en-tête du message est déjà rempli.

Remarquez que chacune des lignes du message original est précédée d'un chevron (>). Ceci permet à votre correspondant de différencier votre réponse du message original.

En général, il suffit de placer le curseur à la fin du message original et de rédiger votre réponse. Dans le cas d'un message particulièrement long, vous pouvez diviser votre réponse à l'intérieur même du message. Les chevrons deviennent alors plus importants.

2. Envoyez votre réponse en cliquant sur le bouton [Send].

    Remarque: Il n'est pas nécessaire de conserver le message original dans votre réponse.

Comment lire un message?

1. Choisissez l'option **In** dans le menu **Mailbox.**

2. Double-cliquez sur le message que vous désirez lire. Un gros point à gauche du message indique que celui-ci n'a pas été lu.

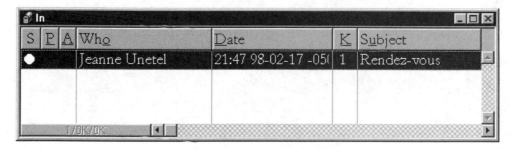

Comment organiser votre bureau?

1. Ouvrez successivement les boîtes de courrier **In, Out** et **Trash** en choisissant les options appropriées dans le menu **Mailbox.**

2. Choisissez l'option **Tile Horizontal** dans le menu **Windows.**

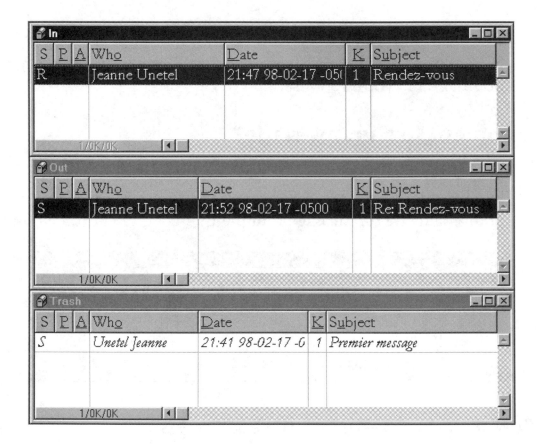

Votre signature

1. Choisissez l'option **Signature** dans le menu **Tools** afin de créer votre fichier signature. Écrivez votre texte (nom, etc.) puis fermez cette fenêtre.

Votre fichier signature sera ajouté automatiquement à la fin de chacun des messages que vous envoyez.

LE CARNET D'ADRESSES D'EUDORA LIGHT 3.0

Comment créer une entrée dans le carnet d'adresses?

1. Ouvrez d'abord le carnet d'adresses grâce à l'icône [icône].

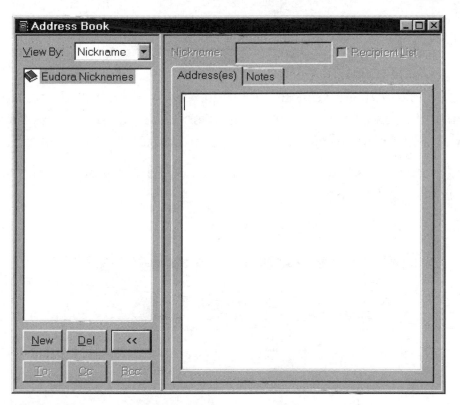

2. Cliquez sur le bouton New au bas de la fenêtre.

3. Cliquez dans le rectangle blanc dans la boîte de dialogue suivante et inscrivez le nom de la personne que vous voulez ajouter. Inscrivez d'abord le nom de famille suivi du prénom, et votre carnet sera alors automatiquement trié par ordre alphabétique de noms de famille.

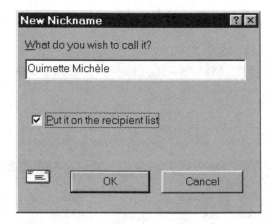

4. Cochez la boîte sous le rectangle blanc s'il s'agit de quelqu'un à qui vous envoyez souvent du courrier. Son nom apparaîtra dans le menu **Message,** au sous-menu **New Message To.**

5. Cliquez sur **OK.** Remarquez que le nom s'ajoute à la liste du rectangle **Eudora Nickname.**

6. Cliquez dans le rectangle **Address(es).**

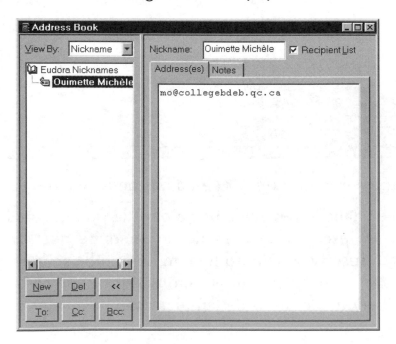

7. Inscrivez l'adresse électronique de cette personne. N'oubliez pas le signe @.

8. Cliquez ensuite dans le rectangle **Notes,** si vous voulez ins-crire d'autres renseignements au sujet de cette personne (ex.: son adresse, son numéro de téléphone, sa date d'anniver-saire...).

Pour sauvegarder vos données, vous n'avez qu'à fermer la fenêtre **Address Book.**

Une fenêtre de dialogue vous demandera si vous voulez sau-vegarder les informations. Répondez **Oui.**

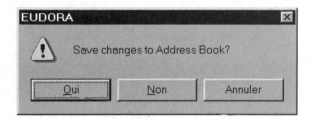

Comment modifier une entrée du carnet d'adresses?

1. Ouvrez d'abord le carnet d'adresses grâce à l'icône .

2. Cliquez dans la zone **Address**(es) ou dans la zone **Notes,** et faites vos modifications.

Pour sauvegarder vos données, vous n'avez qu'à fermer la fenêtre **Nicknames.**

Une fenêtre de dialogue vous demandera si vous voulez sauvegarder les changements. Répondez **Oui.**

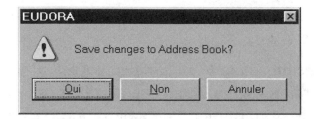

Comment supprimer une entrée du carnet d'adresses?

1. Ouvrez d'abord le carnet d'adresses grâce à l'icône .

2. Cliquez sur le nom que vous voulez retirer de votre carnet.

3. Dès que vous cliquez sur le bouton **Remove** au bas de cette fenêtre ou que vous appuyez sur la touche **Supp** de votre clavier, c'est fait. Le nom est retiré du carnet.

   Si vous avez commis une erreur en faisant disparaître le mauvais nom, vous pouvez le récupérer en répondant **Non** dans la boîte de sauvegarde des changements.

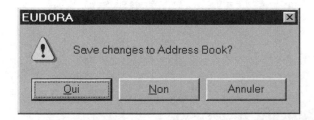

Comment créer une liste de diffusion?

1. Ouvrez d'abord le carnet d'adresses grâce à l'icône .

2. Cliquez sur le bouton **New** au bas de la fenêtre.

3. Cliquez dans le rectangle blanc dans la boîte de dialogue et inscrivez le nom que vous voulez donner à votre liste de diffusion.

4. Cochez la boîte sous le rectangle blanc s'il s'agit d'une liste que vous utilisez souvent. Son nom apparaît alors dans le menu **Message** au sous-menu **New Message To.**

5. Cliquez sur **OK.** Remarquez que le nom s'ajoute à la liste.

6. Cliquez dans le rectangle **Address(es).** Inscrivez la première adresse électronique et appuyez sur **Entrée.**

7. Inscrivez, sur la ligne suivante, la deuxième adresse électronique, appuyez sur **Entrée** et ainsi de suite.

    Une fois toutes vos adresses entrées, cliquez dans le rectangle **Notes** si vous voulez inscrire d'autres renseignements au sujet de cette liste. (Ex.: Combien il y a d'adresses, quand s'en servir...)

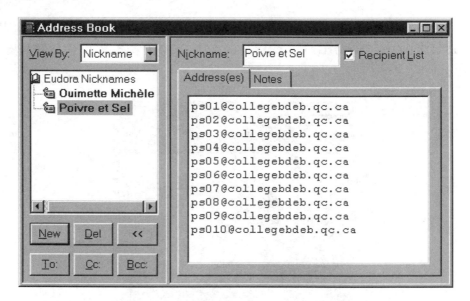

8. Fermez la fenêtre **Nicknames** pour sauvegarder.

Une fenêtre de dialogue vous demandera si vous voulez sauvegarder. Répondez **Oui.**

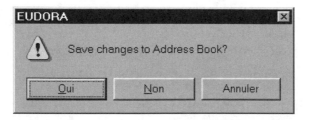

Comment utiliser la liste rapide (recipient list)?

1. Cliquez sur le menu déroulant **Message.**

2. Cette fois, N'UTILISEZ PAS LA SOURIS, mais plutôt les flèches pour descendre au sous-menu **New message to.**

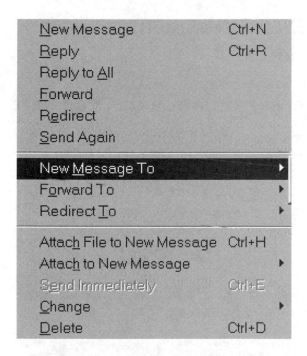

3. Appuyez sur la flèche de droite (ou bien appuyez sur **Entrée**). Un autre menu déroulant s'ouvrira.

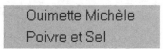

4. Choisissez toujours à l'aide des flèches à qui vous désirez envoyer un message et appuyez sur **Entrée.**

LA GESTION DES DOSSIERS D'EUDORA LIGHT 3.0

Comment créer un nouveau dossier?

1. Cliquez dans le menu **Mailbox** et puis sur **New.**

2. Inscrivez le nom de votre nouveau dossier (personnel, amis, famille, etc.) dans la fenêtre de dialogue.

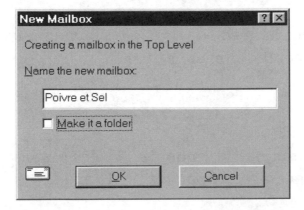

3. Cliquez sur **OK** sans vous occuper de la case à cocher qu'il y a juste en dessous.

4. Cliquez à nouveau sur le menu **Mailbox** pour vérifier si votre dossier a bien été créé. Il devrait apparaître sous **New.** Vous pouvez évidemment l'ouvrir en cliquant dessus.

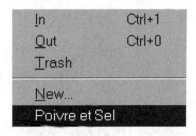

Comment transférer du courrier d'un dossier à l'autre?

1. Sélectionnez le message que vous voulez transférer à partir de la fenêtre d'un dossier (**In, Out, Trash,** etc.). Vous n'êtes pas obligé de l'ouvrir.

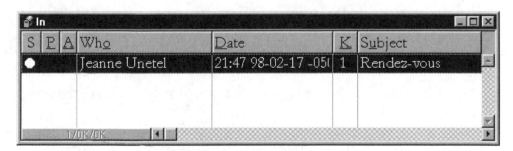

2. Choisissez dans le menu **Transfer** vers quel dossier vous voulez déplacer cette lettre en cliquant sur →**Out,** sur -→**Trash.**

NOTE: Vous pouvez transférer vos lettres à la corbeille plus rapidement en cliquant sur l'icône ▣ dans le coin gauche de la barre des boutons.

Comment vider la corbeille?

1. Assurez-vous d'avoir au moins lu le courrier qui se trouve dans la poubelle. Le courrier non lu est marqué d'un bouton noir à sa gauche.

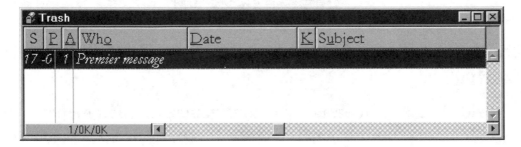

Vous pouvez toujours lire le courrier qui se trouve dans la corbeille en double-cliquant dessus.

Vous pouvez également transférer une lettre de la corbeille vers un autre dossier si vous ne voulez pas qu'elle soit détruite (voir **Comment transférer du courrier d'un dossier à l'autre?**).

2. Cliquez dans le menu **Special** et puis sur **Empty trash.**

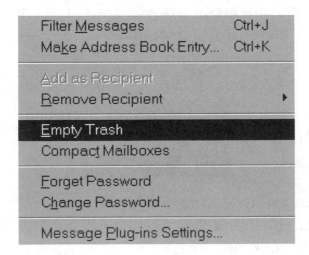

GLOSSAIRE: LE LANGAGE D'INTERNET

«@» commercial (arobas ou arrobas)

- Symbole qui sert de séparateur dans une adresse de courrier électronique entre le nom de l'ordinateur hôte Internet et celui de l'usager.

Accès au site

- Connexion permettant l'exploitation d'un site.

Accès Internet

- Accès (par ligne téléphonique ou par câble) au réseau Internet grâce aux logiciels de communication.

Acrobat Amber Reader

- Logiciel assistant du logiciel **Navigator** qui permet la lecture de certains documents préformatés sur le Web tels que les fichiers dont les noms se terminent par PDF.

Administrateur Web (Webmestre)

- Personne qui s'occupe de la maintenance d'un site ou d'un serveur Web. L'administrateur peut également concevoir une page ou un site Web.

Adresse de courrier électronique (Adel)

• Identifiant personnel d'un internaute pour la communication par courrier électronique.

Adresse IP

• Identifiant numérique d'un ordinateur branché au réseau Internet. Chaque adresse IP correspond à un seul ordinateur.

Adresse URL (Adresse Web ou URL)

• Méthode d'adressage alphabétique qui représente l'ordinateur et le service offert et permet de localiser l'ordinateur sur le réseau lorsqu'une requête est faite par un client.

Adresse URL complète

• Adresse Web comprenant la méthode d'accès, le nom du serveur, le chemin d'accès et le nom du fichier.

Adresse URL relative

• Raccourci d'une adresse Web complète.

Appeler l'ordinateur

• Se brancher à un réseau d'ordinateurs par connexion téléphonique ou autre.

Applet Java

• Mini-applications que l'on insère dans les documents Web afin qu'elles exécutent des objets multimédias.

Argent électronique

• Mode de paiement qui évite l'utilisation des cartes de crédit dans le réseau Internet.

Arobas (@ commercial ou arrobas)

• Symbole qui sert de séparateur dans une adresse de courrier électronique entre le nom de l'ordinateur hôte et celui de l'usager.

Arpanet

• L'ancêtre d'Internet. Il a été créé et développé aux États-Unis en 1969. Arpanet a été mis hors service en 1990.

«Attachment» (Annexe)

• Fichier (images, textes, sons, etc.) transmis par courrier électronique et préalablement encodé.

Autoroute de l'information (Inforoute)

• Métaphore désignant tantôt l'ensemble du réseau physique d'ordinateurs-serveurs, tantôt la technologie utilisée pour acheminer les fichiers et signaux électroniques dans le réseau Internet.

Babillard électronique

• Système de communication accessible à des abonnés à des fins de discussion, d'affichage ou d'échange de fichiers.

Balise HTML

• Commande HTML qui permet la mise en forme d'un texte et l'affichage d'un document Web.

Bavardage («CHAT»)

• Session interactive d'échange d'idées et en temps réel entre internautes, effectuée par le service de bavardage Internet.

BINHEX

• Protocole d'encodage pour fichiers Mac.

Binette (émoticône, smiley)

- Dessin produit avec des caractères ASCII suggérant un visage ironique ou moqueur dans le courrier électronique ou les forums. Exemple: **:-)**.

CA*NET

- Regroupement des réseaux provinciaux d'interconnexion du Canada.

Cadre («frame», fenêtre, cellule)

- Section autonome d'un document HTML qui s'affiche simultanément avec les autres parties du document.

Café branché/Café électronique/Café Internet

- Lieu de restauration avec des ordinateurs offrant un accès à Internet.

Canal IRC (Canal de bavardage)

- Service de bavardage Internet qui permet les échanges d'idées en temps réel.

Chercheur (outil de recherche, moteur de recherche)

- Programme qui permet à l'internaute de faire des recherches sur le Web à l'aide de paramètres tels que les mots clés. Exemples: Alta Vista, Lycos, Yahoo!, La Toile du Québec, etc.

Client

- Ordinateur relié à un serveur, désignant aussi des logiciels tournant localement (et non sur le serveur). *Netscape* ou *FTP* sont des logiciels «clients».

Commande HTML

- Instruction qui permet de formater un fichier texte en un document qui s'affiche sur le Web.

Commerce électronique

- Achats et ventes des biens et services par le réseau Internet.

Concepteur de pages HTML/de pages Web

- Personne qui conçoit et produit les documents accessibles sur le Web.

Confirmation de lecture

- Message informant l'expéditeur d'un courrier électronique que son message a été affiché sur l'écran du destinataire.

Confirmation de réception

- Message informant l'expéditeur d'un courrier électronique que son message a été reçu dans la boîte aux lettres du destinataire.

Connexion Internet sur appel téléphonique

- Accès par ligne téléphonique au réseau Internet.

Conversation IRC

- Système de bavardage en direct dans Internet.

Coupe-feu («firewall», garde-barrière)

- Dispositif de sécurité informatique qui sélectionne les informations.

Courrier électronique (Courriel)

- Service de correspondance dans le réseau Internet.

Cu-SeeMe

- Logiciel qui permet de dialoguer en direct et de voir son interlocuteur sur l'écran.

Cyber

- Préfixe que l'on ajoute à un mot pour indiquer son existence dans Internet.

Cybercafé

- Voir café électronique.

Cyberculture

- Pratiques et usages liés aux nouvelles technologies de l'information et d'Internet.

Cyberespace

- Monde virtuel dans lequel les internautes naviguent.

Cyberjargon

- Langage commun aux internautes.

Cybernaute (internaute)

- Usager du réseau Internet.

Document HTML

- Fichier texte diffusé par le réseau Internet à l'aide du langage HTML.

Document hypertexte

- Document HTML contenant des hyperliens.

Document source

- Fichier texte contenant le code HTML qui a servi à créer une page Web.

Document Web

- Voir document hypertexte.

Éditeur de texte

- Logiciel qui sert à créer ou à modifier les fichiers de texte.

Éditeur HTML

- Logiciel de création de pages Web.

Éditeur WYSIWYG

- Logiciel de création de pages Web qui permet à son utilisateur de visualiser la page en cours de création telle qu'elle s'affichera lors de sa consultation sur le réseau.

Environnement virtuel/espace virtuel

- Imitation en 3D du monde réel en représentation numérique.

Eudora Light 3.0

- Logiciel de courrier électronique.

FAQ/Fichier FAQ (Foire aux questions)

- Fichier de questions répétitives et de réponses correspondantes posées par des internautes novices.

Fichier HTML

- Voir document HTML.

Fichier joint

- Fichier transmis en même temps qu'un message par courrier électronique.

Fichier texte

- Fichier ASCII qui ne contient aucun élément de formatage ou de mise en forme.

Foire aux questions

- Voir FAQ.

Forum ou groupe de discussion/Forum électronique

- Échange d'idées d'un groupe d'internautes par le biais d'Internet.

Forum IRC

- Échange d'idées en temps réel dans le réseau Internet par un groupe d'internautes.

Fournisseur d'accès Internet

- Entreprise commerciale qui vend au détail l'accès à Internet ainsi que d'autres services liés au réseau (hébergement des pages personnelles, par exemple) à ses clients.

⇒ «Le collège de Bois-de-Boulogne est le fournisseur d'accès Internet de plusieurs de ses employés.»

FTP (File Transfer Protocol)

- Protocole de transfert de fichiers divers de données (logiciels, textes, etc.).

Fureteur

- Navigateur ou logiciel capable d'explorer ou d'exploiter les ressources du Web.

Gestionnaire de messagerie électronique

- Logiciel de gestion automatique des messages destinés aux forums de discussion électroniques.

Gopher

- Outil de navigation qui permet la recherche d'information dans Internet à partir d'une structure hiérarchique de menu.

⇒ Gopher est la mascotte de l'Université du Minnesota où elle a été créée.

Gratuiciel (Freeware)

- Logiciel qui peut être copié et distribué gratuitement.

Groupe de discussion

- Voir Forum de discussion.

Groupe Usenet (forum Usenet)

- Groupe de discussion faisant partie du réseau Usenet.

Héberger

- Fournir de l'espace mémoire à un document Web sur un serveur et permettre sa diffusion dans Internet.

HTML (HyperText Markup Language)

- Ensemble des règles qui régissent l'écriture de pages Web.

HTTP (HyperText Transfer Protocol)

- Protocole de transfert de texte sur le Web.

Hyperdocument

- Document qui contient des liens hypertextes.

Hyperlien (Hotlinks)

- Lien dynamique qui s'active sur le Web sur demande et qui donne accès à d'autres documents dans Internet.

Hypermédia

- Combinaison du texte, de l'image et du son.

Hypertexte

- Document informatisé qui contient des hyperliens.

Image cliquable (hyperimage, image hypertexte)

- Image contenant des zones servant de liens hypertextes.

Inforoute

- Voir autoroute de l'information.

Infoseek

- Logiciel de recherche d'information sur le Web.

Interface CGI

- Interface qui définit les règles et permet l'interaction entre un programme informatique et un serveur.

Internaute

- Utilisateur du réseau Internet.

Internaute novice

- Nouvel utilisateur du réseau Internet.

Internet

- Réseau informatique mondial qui est constitué de tous les réseaux nationaux, régionaux et privés.

Intranet

- Réseau privé d'ordinateurs qui utilise la même technologie que le réseau Internet.

Jargon Internet

- Langage commun aux internautes et qui se rapporte à Internet.

Java

- Langage de programmation par objet qui permet de gérer des séquences vidéo, des séquences de son ou d'autres objets et de les intégrer dans des applications sur le Web.

JPG-GIF-TIF-MPG

- Suffixes qui identifient des fichiers d'images.

JUGHEAD (Jonzy's Universal Gopher Hierarchy Excavation And Display)

- Fonction de Gopher qui indexe les articles des menus de certains serveurs et qui permet une recherche par mot clé.

Langage HTML

- Langage qui permet de créer des documents affichables sur le Web.

Langage Java

• Langage de programmation par objet qui permet de gérer des séquences vidéo, de son et de les intégrer dans des applications sur le Web.

Langage VRML

• Langage qui permet de créer des images en trois dimensions et d'interagir dans le monde virtuel.

Lecteur de nouvelles Usenet (Lecteur de nouvelles)

• Logiciel qui permet à un internaute participant à un groupe de discussion d'avoir accès aux messages actifs dans le groupe.

Lecture en transit

• Technique qui permet la lecture des fichiers multimédias dans Internet sans attendre le téléchargement complet.

Libertel

• Réseau communautaire qui donne gratuitement, ou à peu de frais, accès au courrier électronique, aux forums ou aux informations d'intérêt général.

Lien hypertexte

• Voir hyperlien.

Liste à puces

• Liste dans laquelle les éléments sont précédés d'un symbole graphique appelé puce.

Liste de destinataires/de diffusion/de distribution

• Liste utilisée pour envoyer des messages à un groupe de discussion ou à un groupe de courrier électronique.

Liste de signets (Liste privilégiée)

*   Regroupement des adresses de références de sites ou de documents intéressants auxquels on veut un accès rapide.

LISTSERV

*   Système (logiciel) de gestion de listes de distribution de messagerie électronique.

Lokace

*   Outil de recherche francophone dans Internet.

MACTCP

*   Logiciel local assurant les échanges sous TCP/IP avec un serveur.

Magazine électronique (Cybermagazine)

*   Publication disponible par le réseau Internet.

Messagerie électronique/Messagerie Internet

*   Service d'échange de courrier à travers un réseau téléinformatique.

MIME (Multipart Internet Mail Exchange)

*   Protocole de communication permettant un meilleur transfert des caractères accentués dans le courrier électronique.

Mosaïc

*   Logiciel de navigation sur le Web.

Mot de passe (Password)

*   Code secret qu'un utilisateur doit définir et utiliser pour avoir accès à un système informatique.

Moteur de recherche

- Programme qui permet de rechercher et d'accéder à de l'information sur le Web.

Multimédia

- Synchronisation sur un ordinateur de différents fichiers tels que ceux de sons, d'images et de textes.

Navigateur ou fureteur (Browser)

- Logiciel (ex.: *Netscape, Explorer* ou *Mosaïc*) qui permet d'exploiter les ressources d'Internet sur le Web.

Naviguer

- Faire de la recherche d'information ou de l'exploration dans Internet.

Net

- Réseau informatique mondial constitué de tous les réseaux nationaux, régionaux, privés.

Nétiquette

- Ensemble des règles de conduite que doivent respecter les internautes se branchant sur le réseau.

Nétiquette de courrier

- Ensemble des règles de conduite que doivent respecter les internautes qui créent ou envoient des messages écrits par courrier électronique.

Netscape

- Logiciel de navigation dans le World Wide Web.

News

- Sujet général de discussion dans le réseau Usenet.

Newsgroup (groupe de discussion)

- Groupe d'échange d'information selon des champs spécifiques.

NNTP (Network News Transfer Protocol)

- Protocole utilisé pour la distribution sur le réseau des articles des forums ou groupes de discussion.

Nom de domaine

- Partie d'une adresse textuelle qui indique le nom d'une organisation. Exemple: hec.ca pour l'École des Hautes Études Commerciales.

Page d'accueil

- Première page affichée lorsqu'un utilisateur se connecte à un serveur Web.

Page Web

- Document diffusé dans le Web et traitant entièrement d'un sujet.

Partagiciel (Shareware)

- Logiciel distribué gratuitement dans Internet à des fins d'essai, mais dont l'utilisation durable requiert des frais supplémentaires.

Passerelle

- Ordinateur qui fait le lien entre deux sections incompatibles d'un réseau. La passerelle convertit les différents protocoles afin de permettre aux différentes sections de communiquer entre elles.

Poster

• Envoyer un message par courrier électronique.

Protocole POP (Post Office Protocol)

• Protocole employé pour conserver les courriels sur le serveur, en attendant leur lecture par le destinataire.

RealAudio

• Logiciel qui permet l'écoute des émissions radiophoniques en temps réel dans Internet.

Requête (Query)

• Demande d'information à un serveur ou à une base de données sur un serveur.

Réseau Arpanet

• Ancêtre d'Internet. Il a été créé et développé aux États-Unis en 1969, et était destiné à la recherche militaire. Arpanet a été mis hors service en 1990.

Réseau CA*NET

• Regroupement des réseaux provinciaux d'interconnexion du Canada.

Réseau Internet (Net)

• Réseau informatique mondial constitué de tous les réseaux nationaux, régionaux, privés.

Réseau Intranet

- Réseau privé d'ordinateurs qui utilise la même technologie que le réseau Internet.

RISQ (Réseau Interordinateur Scientifique Québécois)

- Le RISQ est une division du réseau CA*NET qui est lui-même une division du réseau Internet.

S'abonner/S'inscrire

- Fait d'ajouter son nom ou son adresse électronique dans un groupe de discussion ou dans une liste de diffusion.

Se désabonner

- Fait d'annuler une inscription dans un groupe de discussion ou dans une liste de diffusion.

Serveur de courrier ou messagerie (MAJORDOMO)

- Gestionnaire automatique de la messagerie électronique des groupes de discussion.

Shockwave

- Module externe de *Netscape* qui permet d'afficher des documents multimédias dans une page Web.

Signature électronique

- Fichier texte contenant le nom, l'adresse et parfois une citation de l'expéditeur d'un courrier électronique. La signature électronique est insérée automatiquement à la fin des messages de l'internaute si celui-ci le précise dans les options de son logiciel de courrier électronique.

Signe @ (Arrobas, Arobas, «@» commercial)

- Symbole qui sert de séparateur dans une adresse de courrier électronique entre le nom de l'ordinateur hôte Internet et celui de l'usager.

Signet (Bookmark)

- Adresse d'un site (Web ou Gopher) sauvegardée localement et facilement accessible. Option du navigateur qui permet à l'internaute de conserver l'adresse d'une page Web et d'accéder rapidement à ses documents favoris.

Site

- Emplacement de la version électronique d'un document écrit où l'internaute peut se brancher dans Internet.

SMTP (Simple Mail Transfer Protocol)

- Protocole utilisé pour le courrier électronique dans Internet.

Surfer

- Naviguer dans Internet.

Surfeur

- Utilisateur d'Internet.

Talk

- Service de conversation écrite en temps réel dans Internet.

TCP/IP (Transport Control Protocol/Internet Protocol)

- Ensemble des protocoles utilisés pour l'échange d'information dans Internet.

TCPMAN (TCP MANager)

- Logiciel local assurant les échanges sous TCP/IP avec un serveur (DOS-Windows).

Téléchargement vers l'amont (download)

- Récupérer un fichier du serveur du réseau vers un ordinateur personnel.

Télécharger

- Transférer un fichier d'un ordinateur à un autre distant dans un réseau.

Téléphone Internet, cyberphone (Internet phone)

- Logiciel de communication vocal dans le réseau Internet.

Téléphonie dans Internet

- Communication vocale par le réseau Internet.

TELNET

- Protocole simple de connexion à un serveur (protocole plus ancien que TCP/IP).

UNIX

- Système d'exploitation de micro-ordinateurs.

URL (adresse URL ou adresse Web)
(Universal **R**esource **L**ocator)

- Adresse Internet standard d'un site.

USENET

- Réseau des newsgroups (groupes de discussion).

UUENCODE (Unix to Unix Encoding)

- Protocole d'encodage utilisé pour le transfert de fichiers par courrier électronique.

VERONICA (Very Easy Rodent-Oriented Net-wide Index to Computerized Archives)

- Fonction de Gopher qui indexe les articles des menus des serveurs et permet une recherche par mots clés.

Visualiseur (VIEWER)

- Logiciel permettant de voir des images (animées ou non) à l'écran.

Virtuel

- Se dit de quelque chose qui n'existe pas matériellement, mais numériquement en 3D dans le cyberespace.

VRML

- Langage qui permet de créer des images en 3D et de les explorer de façon interactive dans Internet.

WAIS (Wide Area Information Servers)

- Système destiné à la recherche documentaire à partir de bases de données indexées selon le protocole TCP/IP.

WebExpert

- Logiciel de création de pages Web.

Webmestre, administrateur Web (Webmaster)

- Administrateur d'un serveur Web.

WebPhone

• Logiciel de communication vocale dans Internet.

WINSOCK (WINdows **SOCK**et**)**

• Logiciel assurant les liens avec le logiciel Windows (TCPMAN est un «winsock»).

Web (WWW, W3) (World **W**ide **W**eb**)**

• Ensemble des sites accessibles par *Netscape, Explorer, Mosaïc,* etc. Toutes les adresses de ces sites commencent par http://.

Yahoo!

• Logiciel qui permet de faire des recherches par mots clés dans un répertoire de sujets indexés.

Quelques mots sur Internautes Poivre & Sel Québec

Intégré depuis avril 1999 à la Fondation du Collège de Bois-de-Boulogne qui en assure la gestion, Internautes Poivre & Sel Québec a pour objectif d'offrir des ateliers de formation aux personnes de 50 ans et plus. Cela leur permet de s'initier aux nouvelles technologies et au monde Internet. L'accueil favorable à ce programme initié au Collège de Bois-de-Boulogne a fait naître plusieurs collaborations avec d'autres institutions qui offrent maintenant ces mêmes ateliers à leur clientèle.

Internautes Poivre & Sel Québec profite de la publication des ouvrages de la collection *La troisième vague* pour remercier ses premiers collaborateurs: Michèle Masson, André Larsen, Jacques Cantin, Pierre Imbeau, Lise Grondin, Webmestre du site internet IPSQ ainsi que messieurs Bernard Lachance, directeur général du Collège de Bois-de-Boulogne, et Edouardo Brito, directeur du Centre Éducation Technologies. Madame Michèle Masson est à l'origine de la conception de l'atelier *Se familiariser avec l'ordinateur*. Nous voulons aussi remercier Jean-François Beaudry, Daniel Lagacé, Guy Chagnon, Marie-Christine Létourneau, ainsi que tous les autres collaborateurs et animateurs d'ateliers.

Pour en savoir plus sur Internautes Poivre & Sel Québec et obtenir les coordonnées de l'institution affiliée la plus près de chez vous, communiquez avec:

Madame Michèle Ouimette,
Conceptrice et responsable
Internautes Poivre & Sel Québec
Collège de Bois-de-Boulogne
10 555 avenue Bois-de-Boulogne
Montréal (Québec) H4N 1L4
Téléphone: (514) 332-3000, poste 567
Télécopieur: (514) 332-0083
Courriel: mo@collegebdeb.qc.ca

Imprimé au Canada